INÁCIO ARAUJO

SERVIÇO SOCIAL DO COMÉRCIO
Administração Regional no Estado de São Paulo

Presidente do Conselho Regional
Abram Szajman
Diretor Regional
Danilo Santos de Miranda

Conselho Editorial
Áurea Leszczynski Vieira Gonçalves
Rosana Paulo da Cunha
Marta Raquel Colabone
Jackson Andrade de Matos

Edições Sesc São Paulo
Gerente Iã Paulo Ribeiro
Gerente Adjunto Francis Manzoni
Editorial Jefferson Alves de Lima
Assistente: Antonio Carlos Vilela
Produção Gráfica Fabio Pinotti
Assistente: Ricardo Kawazu

Diretoria do Biênio 2022/2023
Presidente Marcelo Miranda (MG)
Vice-presidente Amanda Aouad (BA)
Secretário-geral Renato Silveira (MG)
Secretário Neusa Barbosa (SP)
Primeiro Tesoureiro Gabriel Carneiro (SP)
Segundo Tesoureiro Juliana Costa (RS)

Conselho Fiscal
Paulo Henrique Silva (MG), Kênia Freitas (ES), Pedro Butcher (RJ), Isabel Wittmann (SC), Pedro Azevedo (CE), Cecília Barroso (DF)

SÉRGIO ALPENDRE
LAURA LOGUERCIO CÁNEPA
(ORG.)

INÁCIO ARAUJO
OLHOS LIVRES PARA VER

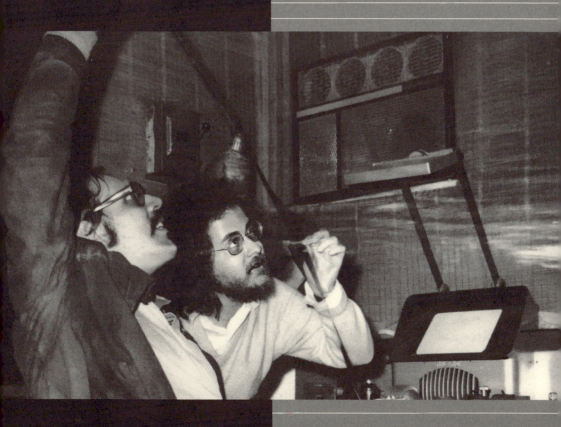

© Laura Loguercio Cánepa e Sérgio Alpendre, 2023
© Edições Sesc São Paulo, 2023
Todos os direitos reservados

Preparação Leandro Rodrigues
Revisão Lígia Gurgel, Sandra Kato e Tulio Kawata
Projeto gráfico, capa e diagramação Jussara Fino
Foto de capa Carlos Reichenbach e Inácio Araujo na montagem
de *Lilian M: confissões amorosas (relatório confidencial)* (1975) –
acervo Jota Filmes/Carlos Reichenbach

Dados Internacionais de Catalogação na Publicação (CIP)

In213	Inácio Araujo: olhos livres para ver / Organização: Laura Loguercio Cánepa; Sérgio Alpendre. – São Paulo: Edições Sesc São Paulo, 2023. 208 p. il. Bibliografia ISBN: 978-85-9493-254-9 1. Cinema. 2. Inácio Araujo. 3. Cineasta brasileiro. 4. Docência em cinema. 5. Crítica cinematográfica. 6. Jornalismo cinematográfico. 7. Ensaios. 8. Biografia. 9. Livro homenagem. I. Título. II. Cánepa, Laura Loguercio. III. Alpendre, Sérgio. CDD 791.43

Ficha catalográfica elaborada por Maria Delcina Feitosa CRB/8-6187

Edições Sesc São Paulo
Rua Serra da Bocaina, 570 – 11º andar
03174-000 – São Paulo SP Brasil
Tel.: 55 11 2607-9400
edicoes@sescsp.org.br
sescsp.org.br/edicoes
🇫 🇾 🄾 ▶ /edicoessescsp

HISTÓRIAS EM MOVIMENTO

Dentre as atividades relacionadas aos campos artísticos, o exercício da crítica representa etapa fundamental. Permite que o diálogo entre as pessoas envolvidas na criação e seus públicos se prolongue em via de mão dupla: por um lado, propicia a reflexão quanto aos expedientes empregados na concepção da obra, suscitando problematizações conceituais e técnicas. Por outro, viabiliza o aprofundamento da recepção estética a ponto de desdobrar os sentidos da obra analisada.

Por sua propensão à multidisciplinaridade, o cinema apresenta diversos aspectos a serem considerados — roteiro, atuação, direção, produção, figurino, trilha sonora, dentre outras atividades que podem constituir objeto de crítica, demonstrando a riqueza interpretativa da obra fílmica. Esse fator sugere que tal apreciação solicita a articulação de um conjunto de sensibilidades para que se possa examinar a poética de uma determinada diretora, de um dado roteirista e assim por diante.

A partir de sua atuação enquanto cineasta, Inácio Araujo representa uma voz especialmente capacitada para circunscrever essa pluralidade. Atuante na cena cinematográfica paulistana denominada Boca do Lixo, montador de treze longas-metragens, roteirista de seis filmes, assistente de direção de três produções e diretor de um curta-metragem, Araujo considera o cinema segundo o viés do trabalhador do audiovisual — um viés íntimo, portanto.

A essa atuação, soma-se o ofício de escritor que dialoga com o cinema tanto no caso de sua produção literária, tributária de sua experiência enquanto roteirista, como em seus textos críticos, publicados em veículos como o *Jornal da Tarde* e a *Folha de S.Paulo* há décadas, representando um diapasão para gerações de cinéfilos.

São fatores que conferem à obra de Araujo uma consistência singular, sobretudo por conta da riqueza humana que mobiliza.

Organizada por Laura Loguercio Cánepa e Sérgio Alpendre, a presente publicação ilustra essa riqueza reunindo escritos de Araujo e de pessoas que o cineasta e autor conheceu entre estúdios, redações e demais ambientes ligados ao cinema brasileiro. Enquanto instituição educativa comprometida com a democratização das manifestações culturais, o Sesc encontra, na publicação deste volume, uma oportunidade valiosa para notabilizar uma contribuição relevante nos contextos audiovisual, literário e jornalístico nacionais. Ao fazê-lo, aposta na formação de públicos capazes de reconhecer e levar adiante o legado cinematográfico brasileiro, incluídas aí as pessoas que dedicam sua vida às múltiplas atividades envolvidas na criação e crítica das obras fílmicas.

Danilo Santos de Miranda

Diretor do Sesc São Paulo

SUMÁRIO

INTRODUÇÃO – LAURA LOGUERCIO CÁNEPA E SÉRGIO ALPENDRE | **11**

SOBRE INÁCIO ARAUJO, DIVAGAÇÕES – UGO GIORGETTI | **15**

1. BIOGRAFIA
SEM CÁLCULO – ORLANDO MARGARIDO | **21**
ENTREVISTA COM INÁCIO ARAUJO – LAURA LOGUERCIO CÁNEPA
E SÉRGIO ALPENDRE | **27**
OS DEZ FILMES PREFERIDOS DE INÁCIO ARAUJO | **66**

2. TRAJETÓRIA NO CINEMA BRASILEIRO: CINEASTA E CRÍTICO
INÁCIO E O CINEMA BRASILEIRO: MONTADOR, ROTEIRISTA, DIRETOR –
LICIANE MAMEDE | **71**
CRÍTICO DO CINEMA BRASILEIRO – TEXTOS SELECIONADOS DE INÁCIO ARAUJO | **91**

3. A CRÍTICA E O JORNALISMO
ENTRE A *CAHIERS* E A BOCA DO LIXO – JOSÉ GERALDO COUTO | **107**
DIRETO DA REDAÇÃO – TEXTOS SELECIONADOS DE INÁCIO ARAUJO | **111**

4. REFERÊNCIA PARA A JOVEM CRÍTICA
HORIZONTALIDADE DA DISCUSSÃO E HORIZONTALIDADE DOS GÊNEROS –
RUY GARDNIER | **125**
EM TORNO DO CINEMA DE GÊNERO – TEXTOS SELECIONADOS DE INÁCIO ARAUJO | **129**

5. A COLUNA "FILMES NA TV"

"REVER É APRENDER": EXERCÍCIOS DE REVISÃO E SÍNTESE NAS CRÍTICAS CURTAS DE "FILMES NA TV" – LUCIANA CORRÊA DE ARAÚJO | **139**

6. ENSINO DE CINEMA

ENSINAR CINEMA É UMA ARTE – LAURA LOGUERCIO CÁNEPA | **151**

LEITURAS DE HISTÓRIA DO CINEMA – TEXTOS SELECIONADOS DE INÁCIO ARAUJO | **155**

7. MESTRE

APRENDIZADO TAMBÉM NAS DISCORDÂNCIAS – SÉRGIO ALPENDRE | **167**

POR UM CINEMA DE AUTOR – TEXTOS SELECIONADOS DE INÁCIO ARAUJO | **173**

8. TRAJETÓRIA PARALELA: ESCRITOR

UM CERTO ESCRITOR – FABIO CAMARNEIRO | **189**

CORPOS MARCADOS – ALCIR PÉCORA | **193**

TEXTOS INÉDITOS DE INÁCIO ARAUJO | **197**

REFERÊNCIAS | **203**

SOBRE OS AUTORES | **205**

INTRODUÇÃO

LAURA LOGUERCIO CÁNEPA E SÉRGIO ALPENDRE

Inácio Araujo atua no jornal *Folha de S.Paulo* desde 1983, tendo contribuído para a formação de diferentes gerações de críticos, cinéfilos, cineastas, jornalistas e pesquisadores. Ele também escreve ficção e é montador de filmes, roteirista, além de professor de um dos mais longevos cursos livres de cinema no Brasil. Quando tentamos cobrir todas essas atividades em um único livro-homenagem, já temos pela frente uma tarefa desafiadora, mas ela ainda se reveste de uma dificuldade extra: mais intensamente do que ocorre com outros autores homenageados por esta coleção da Abraccine, o pensamento cinematográfico de Inácio se encontra distribuído em um número enorme de textos, entre roteiros, críticas diárias em jornais, postagens de *blogs*, livros e capítulos de livros, produzidos ao longo de cinco décadas. Como planos curtos de um longo filme, esses textos compõem uma obra que aqui tentamos sintetizar, com todas as limitações inevitáveis nesse tipo de trabalho.

Este livro-homenagem, portanto, acaba cumprindo também uma função de compilação. A começar, é claro, por textos de Inácio, mas não só[1]. Compilamos também outras falas: a do próprio Inácio, que nos concedeu uma longa entrevista em 2017; as de autoras e autores inspirados por ele de diferentes maneiras; as nossas próprias falas. O cineasta Ugo Giorgetti se encarregou do prefácio, no qual

---

1 Destaque-se que, em 2010, o jornalista Juliano Tosi fez uma importante compilação de textos de Inácio Araujo na *Folha de S.Paulo*, publicada na Coleção Aplauso pela Imprensa Oficial do Estado de São Paulo. Buscamos repetir o mínimo possível os textos selecionados para esse livro, que hoje se encontra disponível gratuitamente, em PDF, no *site* da Coleção Aplauso: <https://tiny.one/inacio>. Acesso em: 12 fev. 2023.

sintetiza nossa homenagem em palavras precisas que surgem de uma amizade de longa data com Inácio.

O capítulo 1 apresenta um perfil do homenageado escrito pelo jornalista e crítico Orlando Margarido e uma entrevista na qual buscamos materializar um relato de Inácio em primeira pessoa. Nos capítulos seguintes, os textos de autoras e autores convidados emolduram seleções de trabalhos publicados por Inácio ao longo de quase quatro décadas como crítico.

No capítulo 2, a crítica e curadora Liciane Mamede escreve sobre a atuação de Inácio no cinema paulista. O texto é seguido de uma compilação de reflexões dele sobre o cinema brasileiro escritas desde a década de 1980. No capítulo seguinte, entra em cena o crítico e jornalista José Geraldo Couto, que examina a contribuição crítica de Inácio e sua experiência no jornalismo de grandes redações. Para acompanhar esse texto, fizemos uma seleção de trabalhos nos quais houve espaço não apenas para o cinema, mas também para a televisão e a política.

No capítulo 4, o crítico e pesquisador Ruy Gardnier examina a contribuição de Inácio para uma geração de críticos que se iniciou na internet nos anos 1990, pautada por uma visão mais positiva do cinema de gênero e para a qual Inácio teve papel central. Para complementar o capítulo, fizemos uma seleção de textos nos quais nosso homenageado aborda cineastas como Paul Verhoeven e Eizō Sugawa. No capítulo 5, a pesquisadora Luciana Corrêa de Araújo debruça-se sobre a amada coluna "Filmes na TV", publicada por muitos anos na *Folha de S.Paulo*.

Nos capítulos 6 e 7, nós, organizadores do livro, analisamos a trajetória de Inácio como professor (capítulo 6, escrito por Laura Loguercio Cánepa) e mentor (capítulo 7, escrito por Sérgio Alpendre). Por fim, Fabio Camarneiro e Alcir Pécora abrem uma nova janela, que poderia dar origem a outro livro, desta vez voltado à faceta de escritor de Inácio Araujo. Esse capítulo se encerra com conto e poemas inéditos, cedidos por Inácio para esta publicação.

A ideia geral foi construir um jogo entre as facetas destacadas de nosso homenageado (intelectual, cineasta, jornalista, crítico, professor, escritor) com textos produzidos ao longo de sua carreira como crítico, alguns deles selecionados com a ajuda do próprio Inácio. Foi ele que selecionou, por exemplo, o texto sobre o filme *Cronicamente inviável* (Sérgio Bianchi, Brasil, 1999), publicado originalmente em 2000 no "Jornal de Resenhas" da *Folha de S.Paulo*, e que, com atualidade desconcertante passados 22 anos de seu lançamento, só confirma a relevância dos textos aqui reunidos.

No entanto, ainda falta tanta coisa! Ao longo de cinco décadas de carreira no cinema, no jornalismo e na crítica, Inácio Araujo circulou por diversos lugares – salas de montagem, salas de aulas, curadorias, júris de festivais, redações de jornais, editoras e, claro, salas de cinema – sempre atento às obras e a seus bastidores, sendo capaz de formular textos ao mesmo tempo informativos, críticos e aptos a diferentes tipos de leituras. Também participou, exercendo diferentes funções, de mais de vinte filmes, escreveu cinco livros[2], teve centenas de alunos, milhares de leitores fiéis, e, em todas essas passagens, deixou marcas que o tornam referência obrigatória para quem faz e pensa a cultura no Brasil.

Este livro não tem a ambição de dar conta de toda a obra de Inácio, mas de registrar o momento de maturidade de uma obra ainda em progresso, a qual continuaremos acompanhando com interesse, admiração e curiosidade. É importante notar, também, que jamais teríamos conseguido fazer o trabalho sozinhos. Agradecemos à Abraccine, em especial a Paulo Henrique Silva, Ivonete Pinto e Orlando Margarido, que coordenam este trabalho; aos colegas que contribuíram com textos (Ugo Giorgetti, Orlando Margarido, Liciane Mamede, José Geraldo Couto, Ruy Gardnier, Luciana Corrêa de Araújo, Fabio Camarneiro e Alcir Pécora); ao pesquisador Juliano Tosi, que nos ajudou a localizar os textos e compartilhou conosco alguns achados que haviam ficado de fora de sua belíssima coletânea publicada em 2010 pela Coleção Aplauso; a Sheila Schvarzman, que participou conosco da entrevista; a

---

2 A lista de filmes em que Inácio trabalhou, bem como a relação de livros que escreveu, estão no final deste volume.

Raphael De Boer, responsável pelo trabalho hercúleo de transcrição da entrevista; e ao próprio Inácio, que, embora avesso a homenagens, cedeu alguns textos inéditos e topou nos ajudar a desenvolver este projeto.

SOBRE INÁCIO ARAUJO, DIVAGAÇÕES

UGO GIORGETTI

Suponho que um livro sobre Inácio Araujo seja, antes de tudo, um livro de homenagem a um escritor importante. Homenagens não me agradam – e, o que é pior, não sei se agradam ao próprio Inácio. Para tornar as coisas ainda mais incertas, escrevo sem levar em conta os dias que correm, isto é, deixo Inácio, sobre o qual escrevo, cuidadosamente fora deste momento histórico do país e do cinema, talvez do mundo. Não vale a pena envolvê-lo em tal miséria. Também não me vali de pesquisas ou dados objetivos. Escrevi movido por vagas impressões colhidas através dos anos, que podem, ou não, conter alguma verdade. É o único jeito que encontrei de escrever sobre ele. Se, porém, os fatos desmentirem minhas divagações, pior para os fatos.

O texto parece simples, sem reclamar obedece ao pouco espaço que é deixado hoje para a crítica. Aparentemente, nada se destaca nele. Vamos lendo sem surpresas e sem susto e eis que, de repente, uma frase, uma única e curta frase, irrompe no texto, e leva você a se deter, a ler de novo e talvez uma terceira vez, até se dar conta de que está lendo algo decisivo e que todo o texto se teceu em torno dessa frase apenas como disfarce, como que para dissimulá-la, como se estivesse dirigida especialmente ao leitor mais atento. Eu, que leio Inácio há tantos anos, estou sempre à espera da frase e nunca me decepciono. Está sempre lá a justificar todo o resto. O que é essa frase? Em princípio, e em falta de melhor definição, é o que singulariza um texto, que o tira da banalidade. É algo que você não vai encontrar em nenhuma outra crítica. Se, por acaso, a frase lhe disser respeito pessoalmente, se a crítica é sobre um filme seu, soma-se ao prazer de ler algo bem escrito a descoberta do que nem mesmo você sabia, aquilo de que nem sequer tinha suspeitado. Não necessariamente elogioso, mas novo e inesperado.

Algumas vezes tive a surpresa de vê-lo apontando em meus próprios filmes, à sua maneira discreta e fugidia, algo que jamais tinha me ocorrido, algo cuja existência eu nem sequer pressentira. Essa leitura privilegiada, esse espectador de exceção: isso é tudo o que um artista espera. Essa frase, como um pequeno trecho da sonata fictícia tão citada num famoso romance, fica rondando a cabeça infinitamente, às vezes por anos, e leva você a às vezes se lembrar dela, em geral quando está em crise com seu próprio trabalho. Inácio não se preocupa em esconder suas predileções, como se não considerasse objetividade e distanciamento qualidades imprescindíveis de um crítico. De fato não são e, na maioria das vezes, só revelam um desejo mais ou menos claro de não se comprometer.

Comprometer-se, me parece, é alguma coisa que jamais Inácio pensou em evitar. Começou a carreira como cineasta, sempre foi um deles, tem suas preferências, e isso não o impede de exercer com severidade seu poder de crítica, inclusive sobre o trabalho de amigos. É um caso um pouco raro de cineasta que virou crítico, processo que, em geral, se dá ao contrário. Por causa dessa inversão, trouxe para a crítica toda sua experiência anterior do fazer cinema, de aprender a duras penas tendo muitas vezes como modelos – a palavra "professores" não se aplica aqui – pessoas que não tinham nenhuma paciência em ensinar, mas que ao mesmo tempo não tinham nada a ocultar sobre sua maneira criativa e instigante de trabalhar. É provável que Inácio tenha herdado dessas pessoas o agudo senso de observação que lhe permite flagrar rapidamente quando um filme é honesto e o realizador, verdadeiro. Isto é, quando o realizador não pretende ocultar sua ingenuidade e seus defeitos atrás de artimanhas técnicas e engodos maldisfarçados.

Inácio não vê um filme *apesar* dos defeitos, mas *através* deles. Muitas vezes, o defeito de um filme faz parte de sua qualidade, mesmo no caso de filmes consagrados. Essa honestidade em relação à obra e essa busca profunda pelo que um filme tem a dizer são coisas que ele aprendeu nas longas noites de montagem ao lado de gente como Silvio Renoldi[3] ou Eder Mazzini. Esse envolvimento próximo com personagens singulares do cinema talvez tenha lhe deixado como herança um distanciamento completo do que é moda, do que é apenas aparência, dos balões que ganham as alturas na noite e rapidamente se apagam – como, aliás, se apagam também críticos. E nesse sentido Inácio é um ilustre sobrevivente que viu passarem muitas coisas e muita gente, que viu muitas reputações atreladas ao momento fugaz que, indo embora, arrastou-as consigo. Continua trabalhando tranquilamente, sem se importar muito com a revolução digital. Não como se estivesse ainda sob as regras do velho cinema em películas, 35 mm, mas porque sabe que a técnica não é exatamente o que faz um filme se destacar. O que tem de estar na tela são as ideias: no retângulo, uma vez iluminado, não importa mais se é digital, se é 2K, 4k, ou que diabo seja; só as ideias contam.

Talvez isso lhe tenha dado a serenidade para se dedicar também ao que, para muitos de nós, foi o primeiro amor: a literatura. Praticamente todos nós, da minha geração e da dele, chegamos ao cinema depois de passar pela experiência literária, pelo menos como leitores. No caso dele, também como jornalista iniciante. E aí está ele, escrevendo cada vez mais – sobretudo ficção – e preparando novos livros. Com sua boina, seu sobretudo, seu cachecol, lembranças de uma Paris em que viveu nos pequenos cinemas de reprise da rue des Écoles, sua maneira de enfrentar os trópicos é escolher uma dessas peças, usualmente o cachecol, e dar-lhe uma cor viva, brasileiríssima. A sutil quebra de severidade, como mostra nos trajes, é uma das especialidades desse homem de múltiplas faces. No fundo é um aviso, em certo sentido um convite, para que se descubram, sob aquela aparência respeitável, seu humor sarcástico, sua ironia sofisticada e fina, seu preparo de acadêmico sem academia. Da minha parte, asseguro que a descoberta vale a pena.

3 Por vezes grafado Sylvio Renoldi.

1 BIOGRAFIA

SEM CÁLCULO

ORLANDO MARGARIDO

Se, como o próprio Inácio avaliou certa vez, o montador é o primeiro crítico de um filme, teríamos então em Inácio Araujo um duplo predestinado. Acontece que se deve a circunstâncias mais ou menos casuais a soma, e depois a substituição, de atividades em uma trajetória pouco ordenada. O acaso parece ser, inclusive, um traço geracional distintivo de alguém que, nascido em 1948, em São Paulo, pôde usufruir, nos anos 1960 e 1970, de certa liberdade para experimentar, condição hoje relativizada pela maior pressão social e econômica. Decerto houve também um ambiente familiar benéfico a propiciar diretrizes para uma educação intelectual. A mãe era machadiana, e o pai, engenheiro – que, se por um lado insistia sem sucesso no uso da régua de cálculo, por outro incutiu no filho o interesse em Guimarães Rosa. Um caçula tem seus privilégios. E os privilégios de Inácio, ante o casal de irmãos, permitiram a troca de escola quando insatisfeito, proporcionaram tempo suficiente nas salas de cinema e na convivência para discuti-lo, para que então se lançasse nos primeiros escritos e à prática da montagem. Sabemos o que vingou por fim.

A lógica de uma vocação nesse caso, portanto, não vai muito além da insistência paterna na matemática e no uso de um instrumento de trabalho. Quando muito, fez Francisco Inácio de Araujo Silva Júnior descobrir cedo que ciência exata não era com ele. Preferia se servir da biblioteca caseira, com livros de Gonçalves Dias e Álvares de Azevedo, e acompanhar os saraus literários organizados pela mãe. Cinema, naquele momento, era apenas diversão familiar e, com aquela idade, se resumia a matinês de *Tom & Jerry*. A literatura, sobretudo, se impunha pela situação solitária igualmente comum aos mais novos entre os irmãos. Seria o indício da preferência vindoura por ofícios que conjugam o raciocínio intuitivo, o senso crítico e a noção de tarefas isoladas e fiéis à concentração. Por exemplo, o ato de escrever, e não à toa o ato executado numa sala de montagem. Ambos os ofícios ainda estavam distantes quando o garoto demonstrou a primeira atitude de rebeldia, recusando-se a permanecer na instituição que lhe ditava regras demais.

Pode parecer capricho querer abandonar um colégio que hoje é referência em educação, como o Santa Cruz, à época recentemente inaugurado em São Paulo por padres canadenses. A década de 1960 trazia novas tendências no ensino, ali adotadas pelos religiosos em aulas experimentais. Mas nem esse apelo nem o tempo livre para o basquete que o adolescente tanto apreciava o convenceram. Na verdade, o esporte chegou a fazê-lo sonhar com uma profissionalização, mas a estatura não ajudava. Pesava ainda a distância da efervescência urbana. Assim, deu-se a curiosa transferência para o Rio Branco, instituição que, embora tão respeitada quanto a anterior, era reputada como mais conservadora no ensino – mas não no apreço pela formação artística, a julgar pelo fato de que ali funcionava um núcleo estudantil de teatro, responsável por revelar, entre outros, Antônio Fagundes. Se o palco pouco estimulou o novato, mais significativa foi a convivência com a poesia, iniciada pelo também artista plástico Bernardo Belfort. De novo, a lógica se mostrou tortuosa, e algo deslanchou ali com nomes que mais tarde se tornariam referência, como os poetas Claudio Willer e Roberto Piva.

Àquela altura, a percepção de cinema já tinha avançado para além de simples passatempo. Inácio reconhece na irmã a figura introdutória às produções adultas, em salas tradicionais da época na capital paulista. Diz muito, hoje, o neófito não se ter entusiasmado, e ter até mesmo se irritado à época, com o que chama de dramalhão de *Luzes da ribalta* (1952), sucesso de Charles Chaplin. Atraíam-no mais as chanchadas, fáceis de simpatizar pela familiaridade da língua, lembra. Mas, como passagem fundamental para um cinema mais elaborado, Inácio prefere cravar um filme em especial: *Se todos os homens do mundo* (1956), de Christian-Jacque.

Descobriu o ator Jean-Louis Trintignant e um realizador que permaneceu em sua memória cinéfila, entre dramas críticos sofisticados e sucessos populares, caso do título em questão. Não deixa de ser revelador que tenha vindo pela cinematografia francesa o despertar para um novo padrão da arte, mais autoral, para quem seria marcado, já na vida adulta, pela matriz de pensamento daquele país. Mesmo o conhecimento mais atinado de mestres de língua inglesa, como Hitchcock, sobre quem Inácio escreveria um livro[4], ou sua referência maior, Douglas Sirk, se daria pelas páginas críticas dos *Cahiers du Cinéma* – influência efetivada pela decisiva estada em Paris, na segunda metade dos anos 1970. Nos três anos e meio que permaneceu na capital francesa, conciliou a feérica vida cinéfila parisiense com aulas na École des Hautes Études en Sciences Sociales, instituição de ensino livre então recém-fundada. Mas, sobretudo, foram definidoras as famosas aulas de Jean Douchet, crítico dos *Cahiers*, à época sob a direção de Jean-Louis Comolli, que Inácio até hoje reconhece como o pensador por excelência nesse ofício. Ele encontraria em Douchet, aliás, a reflexão variada, necessária a seu olhar aberto, sobre movimentos e nomes. Em Paris também conheceria a mãe de seus filhos, a professora e pesquisadora Sheila Schvarzman.

Quem lê ou ouve Inácio em livros, na imprensa ou em debates e nos concorridos cursos ministrados anualmente há quase duas décadas, numa espécie de síntese do obrigatório em cinema, percebe com facilidade os pesos e as medidas de cineastas de valor incontornável e também aqueles determinantes a uma formação pessoal. Ao lado da percepção mais ajustada a uma cultura europeia, há a brasileira, incentivada por uma produção cinematográfica renovadora nos anos 1960. É sintomático que o título a romper paradigmas em um cenário ainda devedor a tradições fosse *A margem* (1967), sendo seu diretor, Ozualdo Candeias, uma figura que atrairia o interesse do jovem estudante de Sociologia, aquando este o descobriu por acaso no Cine Marabá. No ambiente agitado

---

4 *Alfred Hitchcock: o mestre do medo*, São Paulo: Brasiliense, 1984.

da escola da rua Maria Antônia, endereço de resistência estudantil à repressão militar, Inácio alia a formação ao lado de colegas como Olgária Matos e Leda Tenório da Motta, sua companheira em Paris, com a revelação do cinema de Candeias. Ainda hoje, *Meu nome é Tonho*, segundo longa-metragem do realizador, lançado três anos depois de *A margem*, ocupa o topo das listas dos melhores filmes nacionais na preferência do crítico.

Estão na memória as conversas sobre o filme com colegas já em atividade na imprensa naquele momento, como o também diretor Rubem Biáfora e Rubens Ewald Filho. O primeiro atuava n'*O Estado de S. Paulo*, e o segundo, no *Jornal da Tarde*, do mesmo grupo, onde Inácio já tinha conseguido seu primeiro emprego. Ewald havia feito uma resenha negativa de *Meu nome é Tonho* e acabou por estimular o novato a ir conferir o filme. Maravilhado, Inácio decidiu conhecer Candeias e, em 1970, estreava na prática cinematográfica como assistente de direção em *A herança*, curiosíssima adaptação de *Hamlet* pelo diretor paulista. Era também o início da convivência na chamada Boca do Lixo, o polo de cinema na região central de São Paulo notabilizado por produções populares de baixo orçamento, em especial por filmes de caráter erótico.

Ali, Inácio alternaria projetos em que atuava na montagem, na assistência e mesmo no roteiro. Em 1972 teria a primeira experiência como montador, em *A selva*, único filme dirigido pelo escritor amazonense Márcio Souza, e seguiria com projetos como *Sinal vermelho – As fêmeas*, de Fauzi Mansur, e *Maridos em férias – O mês das cigarras*, de Konstantin Tkaczenko, todos lançados naquele mesmo ano. O notório apelo do que se convencionou chamar, não sem controvérsia, de "pornochanchada" também englobou iniciativas mais elaboradas e rotuladas, também não sem alguma resistência de seus integrantes, de "cinema marginal". O iniciante Inácio se aproximou, sobretudo, de Carlos Reichenbach, que se tornaria um de seus maiores parceiros e interlocutores. Tratava-se de um grupo coeso de criação, em que também se destacava Jairo Ferreira, outro que atuava em múltiplos *fronts* – como diretor, ensaísta e crítico do jornal da colônia japonesa *São Paulo Shimbun*. Inácio escrevia para a coluna do colega quando, em 1983, recebeu um convite para uma experiência em espaço na *Folha de S.Paulo*.

Não se pode abordar a trajetória do crítico, em atividade até hoje, sem levar em conta aquele período da prática entre os anos 1970 e 1980, fosse no *set*, fosse na sala de montagem. Do aprendizado com Silvio Renoldi, grande montador com quem trabalhou, entre outros projetos, em *As deusas* (1972), de Walter Hugo Khouri, Inácio avançou para o reconhecimento fora do quadrilátero da Boca. Um exemplo foi Sylvio Back, que o chamou para a montagem, depois premiada, e para outras responsabilidades técnicas de *Aleluia, Gretchen* (1976). Mas afinação mesmo teria com o amigo Carlão Reichenbach, com quem trabalharia em produções como *Lilian M: confissões amorosas (relatório confidencial)* (1975) e *Amor, palavra prostituta* (1982). A experiência com o argumento e roteiro neste último parece ter sido determinante para que Inácio arriscasse sua primeira e única direção, com *Uma aula de sanfona*, episódio de *As safadas*, em 1982.

Enquanto a prática do cinema surge de forma improvisada, a escrita crítica se esboça com mais afinco na *Folha*. Em um de seus primeiros textos para o caderno *Folhetim*, em 1983, Inácio fez o registro de seus mandamentos para o ofício: "Dezesseis notas para um cinema sem crédito" aborda, em rápidos tópicos, temas como o perfil de realizadores locais pouco afeitos a assistirem a filmes alheios; o colonialismo cultural como componente da relação entre o público e os filmes estrangeiros – tanto o gosto do público quanto o dos letrados, questões centrais ontem e sempre; e a subserviência ao reconhecimento no exterior. Segue contemplando vertentes como a pornochanchada e tantos diretores no circuito à época, passando por Leon Hirszman, Héctor Babenco, Roberto Santos, Tizuka Yamazaki, Djalma Limongi Batista, entre outros. Ao lado da crítica aos filmes, amplia sua percepção de problemas enraizados em nossa cultura cinematográfica. O escrito embrionário sobre o assunto, e mais de duas centenas de textos do autor na imprensa, foram compilados em livro organizado por Juliano Tosi para a Coleção Aplauso da Imprensa Oficial do Estado de São

Paulo, em 2010. O livro de Tosi denota os diretores de predileção do homenageado, dos nomes da *nouvelle vague* francesa aos já citados Hitchcock e Sirk, mas também John Ford, Nicholas Ray, Elia Kazan, além de uma atenção toda especial a Manoel de Oliveira.

Da geração ainda em atividade que pensa o cinema pela escrita crítica, Inácio é um dos mais marcados pelo envolvimento com a capital paulista. Não surpreende, portanto, que seu primeiro romance, *Casa de meninas*, publicado em 1984, traga também a influência do ambiente em que Inácio se formou. Essa característica é notória, por exemplo, na aproximação com a obra do jornalista e escritor Antônio de Alcântara Machado (1901-35). Trata-se de um roteiro cinematográfico que migrou à ficção: as duas vertentes da narrativa foram relançadas juntas, também na Coleção Aplauso, em 2014. Sua proposta ali foi, segundo ele, rever o Maio de 1968 em sua maioridade. O crítico se viu então do outro lado, e a obra recebeu avaliações positivas de colegas da área literária. No exercício da literatura, Inácio se sente atraído sobretudo pela liberdade e informalidade, comparáveis ao que ele experimentara em seu início da atuação na imprensa. Ali interessa o presente, como no cinema, numa visão eternamente cética de quem desconfia das ficções científicas. Tal viés ficou mais evidente no livro de contos *Urgentes preparativos para o fim do mundo*, lançado em 2014, no qual o autor trabalha seu potencial irônico por chaves distintas, como o fantástico e a crônica de costumes, e personagens desestruturadas. O hoje olha para o passado apenas com o reconhecimento de uma formação iniciada em ambiente propício. Nada foi muito calculado nesses 74 anos, mas sem dúvida a formação foi bem-sucedida.

ENTREVISTA COM INÁCIO ARAUJO

LAURA LOGUERCIO CÁNEPA E SÉRGIO ALPENDRE

Chegamos logo depois do almoço ao velho apartamento de Santa Cecília que Inácio usava como escritório. As caixas empilhadas davam a entender que a mudança aconteceria em breve, mas Inácio não parecia ter pressa. Talvez porque tivéssemos alertado que seria uma senhora entrevista, que percorreria sua carreira profissional em idas e vindas no tempo. Foram cinco horas de papo. Lá pela metade da conversa, chegou a Sheila Schvarzman. Eram muitas as coisas a serem ditas, e Inácio tentou manter certa ordem cronológica, embora sempre soubéssemos que a ordem da memória seria mais poderosa e haveria de se impor. O que temos é um passeio pelo cinema brasileiro dos anos 1970 e pela crítica brasileira dos anos 1980 aos dias atuais. Vemos aqui um pouco de suas predileções e de como sua formação o levou a ser um dos críticos mais respeitados e influentes do Brasil.

Sérgio Alpendre: Vou começar pedindo para você falar de sua formação, o que fez no cinema, como migrou para a crítica e depois a gente vai... pode falar de Jean Douchet, de *Cahiers du Cinéma*... é uma conversa aberta.

Inácio Araujo: Tem uma coisa que eu gostaria de dizer logo de saída: a minha formação original, ao contrário de quase todo mundo que mexe com cinema, foi literária. Meus pais não gostavam de cinema. E, quando gostavam, era de filmes que eu ia ver e detestava, tipo, sei lá, *Casa de chá do luar de agosto* [Daniel Mann, EUA, 1956]. Com alguns filmes eles se divertiram... *As treze cadeiras* [Francisco Eichhorn, 1957], uma chanchada brasileira... fui ver e achei muito chato, e eu até gostava na época de ver algumas chanchadas e tal. A discussão era meio assim: minha mãe era machadiana e o meu pai era mais rosiano. Meu pai era engenheiro e a minha mãe era professora, mas ela teve uma formação muito sólida da "escola normal da praça", como ela dizia, teve grandes professores, tipo Lourenço Filho, Sampaio Dória. Mas me lembro de alguns filmes marcantes na minha infância, como *Vinte mil léguas submarinas* [Richard Fleischer, 1954], *A batalha do Rio da Prata* [Michael Powell e Emeric Pressburger, 1956], *Afundem o Bismarck* [Lewis Gilbert, 1960]... O primeiro filme que eu adorei, que vi várias vezes, foi *Se todos os homens do mundo* [1956], do Christian-Jacque. Esse eu vi várias vezes. Uns trinta anos depois, revi na TV e ainda gostei. Mas isso era uma diversão, nada mais. Mesmo na adolescência, não fui muito apaixonado... quer dizer, para você ver, a primeira vez que eu vi o cinema e amei foi num catálogo da Bienal de 1958 ou 1959, por aí, em que o Paulo Emílio [Sales Gomes] fez uma mostra de filmes franceses. E os meus irmãos são dez e nove anos mais velhos que eu. Então é através deles que eu comecei a me interessar por isso. Já comecei a me interessar meio bestamente por filmes da *nouvelle vague*, coisas assim... Lembro que vi aquilo de um modo meio maníaco. Mas passou assim a adolescência muito mais literariamente, com um gosto literário muito maior. Eu tinha uns dezesseis ou dezessete anos, não entrava em filme de dezoito, tinha cara de moleque. Então lembro que uma vez, num puta de um calor, um verão, eu queria ver um filme do Bergman, aqueles proibidos para dezoito anos e tal. Sei que botei um paletó e o único paletó que eu tinha era paletó de inverno, gravata, e fui lá. Acho que o cara me deixou entrar de pena, "pô, esse moleque...". Eu vi o filme. E aí começou o Cine Bijou, muito filme de arte e tal. Diz o meu irmão que quando eu vi *O ano passado em Marienbad* [Alain Resnais, 1961], voltei absolutamente deslumbrado. Pode ser. Não me lembro, mas foi um filme que me transtornou mesmo.

Laura Loguercio Cánepa: E o jornalismo? Também começou pela literatura?

Inácio: Eu cursava ciências sociais lá na [rua] Maria Antônia. E era dado a poeta. Eu me dava com Claudio Willer, Roberto Piva, esse pessoal. E naquele tempo, final dos 1960 em São Paulo, se a gente queria que os amigos lessem o que a gente escrevia, tinha de ir a um lugar chamado Fotocopiadora Bandeirantes, ao lado da Catedral [da Sé]. Eles copiavam, tiravam umas três, quatro cópias... Aí um dia eu vou lá e encontro um cara muito simpático, que começa a conversar comigo. Para resumir, era tarado por OVNIs, e todo tarado por OVNIs quer demonstrar que a Nasa, que a Rússia, que a FAB e não sei mais quem leva isso a sério. É um pouco como acreditar em Deus: é o milagre que sustenta a fé. Sem milagre, nada feito. Aí meu serviço fica pronto, o dele também. "Você vai a algum lugar?" "Não, eu não tenho nada agora." Eu estudava à noite, estava com a tarde livre. "Então vem conhecer meu tio, que edita o jornal de Portugal." Acho que era o *Portugal Democrático*, se não me engano. Ficava na Galeria Metrópole. Fomos até lá, o tio não estava. Aí então ele... "Ah, então vem comigo, eu quero ver um amigo meu lá no *Jornal da Tarde*." "Tudo bem, vamos lá." Então vamos matando o tempo, ele falando dos OVNIs, e não sei mais o quê... Aí a gente sobe lá, encontra o Laerte Fernandes, que na época era chefe de reportagem. O rapaz arranca as minhas poesias, que eu levava debaixo do braço, entrega para o Laerte e diz "olha, lê aí, você precisa contratar esse cara". Nunca mais vi o cara. Parece história do Frank Capra, não é? Vem um anjo, arruma a vida do cara e some.

SA: Você sabe em que época foi isso? O ano?

Inácio: Eu ainda estava no primeiro ano da faculdade, devia ser fim de 1967. Aí o Laerte pega, dá uma folheada, diz: "quer trabalhar aqui?". "Putz, quero, claro!" Daí a uns três meses, em 1968, eles me chamaram. Sabe por quê? Estava havendo uma renovação lá, porque tinham aberto a *Veja*. O Mino Carta era o diretor do *Jornal* *da Tarde* e foi para a *Veja*, levou metade da redação com ele, a outra metade ficou, e aí precisou de gente nova. Enfim, vários jornalistas... Lá se trabalhava muito. Aí eu entro e tal. Então, quando destroem a Maria Antônia, mandam as Ciências Sociais para a Cidade Universitária. Para os barracos, como diziam. Pensei "eu já tenho uma profissão, não vou para lá. Não, não vou para aquele fim de mundo. Sinto muito".

SA: Mas no jornal você não escrevia sobre cinema?

Inácio: Não. Fui primeiro repórter de geral. Foi um tempo bem interessante, fazia muita coisa de polícia, sabe? Mas aí eu virei copidesque da "Variedades", que era a "Ilustrada" da época. Então éramos eu e o Rubens Ewald [Filho] de copidesques. Nesse tempo eu já ia bastante ao cinema, mais para ver os europeus, *nouvelle vague*, italianos, Cine Bijou, até comecei a ver os japoneses. Aí é que efetivamente entra na minha vida o cinema brasileiro: estou eu um dia andando na avenida Ipiranga, passo pelo Cine Marabá e lá tinha umas fotos interessantes de um filme... eu entrei e fui ver. Era *A margem* [1967], do [Ozualdo] Candeias. Falei: "Nossa, que coisa fantástica!", porque esse cara é diferente do cinema novo. No cinema novo eu sentia pessoas ricas ou bem de vida falando dos pobres. Ali, não; ali tinha uma coisa diferente. Eu não sabia nada do Candeias, mas eu sentia que ali algo destoava. Destoava, não; toava, não é? Quando eu já estava na "Variedades", entra um segundo filme do Candeias, *Meu nome é Tonho* [1969], e o Rubens Ewald já era crítico. Ele passava um tempão conversando com o Biáfora, o que na época me deixava puto, porque eu trabalhava e ele ficava conversando com o Biáfora. Mal sabia eu como conversar com o Biáfora era árduo. Ele devia sofrer bastante. Mas, enfim, o Rubens vai ver *Meu nome é Tonho* e escreve falando mal do filme. Aí encontro com ele: "Pô, Rubens, não é possível, o primeiro filme dele era tão bom!". Ele falou: "É, eu não gostei, mas vai ver que você vai gostar". O Rubens tem uma sensibilidade muito especial com as pessoas... De fato, fiquei deslumbrado com o filme. Até hoje. Aí eu falei para o Rubens: "Como é que você não gostou de um filme desses?". Ele disse: "Você achou? Olha, amanhã eu vou lá na Boca do Lixo, vou ver o Candeias, você não quer ir comigo?". Fui. Aí encontro o Candeias lá nos bares. O cara vira pra mim: "Você quer trabalhar num filme?". Não pagavam nada. Ao contrário do jornal, que pagava bem... "Ah, eu vou. Por que não? Vou tirar férias e vou." Eu tiro férias, um mês de férias, quando eu volto, todo mundo me olhando assim. Era um jornal de mineiros. Tinha também um pernambucano que era o Portela, alguns paulistas, o Marcos Faerman (que vivia fugindo, sumia, tinha sempre a polícia atrás dele. De repente "Marcão, a polícia está aí", e o Marcão saía pelo fundo, entendeu? Meio assim. Era militante ou algo assim. Não era fácil naquele tempo.) E é engraçado, porque mineiros não são muito de falar, mas eu sentia que tinha alguma coisa diferente. Fui constatar pouco depois que me atrasei quinze dias. Eu não tinha notado. Fiquei 45 dias na filmagem, pensei que tivesse ficado trinta. Aí... nem sei, acho que eles não iam me demitir, não. Não era uma coisa de disciplina rígida. Eram pessoas muito legais, naquele tempo. Mas, enfim, eu falei: "é sinal de que eu não estou mais aguentando", porque era um jornal em que você trabalhava demais, era trabalho noturno. Na época o jornal saía às três da tarde, então você começava a trabalhar às dez da noite para fazer o fechamento. Isso quando não tinha jogo do Atlético Mineiro, porque daí todo mundo sumia. E eu falei: "Quer saber, eu estou cheio disso, vou embora". Não fui atrás nem do meu direito de ser jornalista no Ministério do Trabalho, não quero me meter nessa coisa. Aí o Márcio [Souza] me avisa: "Olha, o Silvio Renoldi está precisando de um assistente de montagem, você quer?". "Ah, vamos embora."

LLC: Que filme foi esse em que tu ficaste 45 dias?

Inácio: *A herança* [Ozualdo Candeias, 1970]. Basicamente eu olhava. Alguma coisinha eu fazia, mas o Candeias... É uma coisa muito especial trabalhar com ele. Era ele e o Virgílio Roveda, o "Gaúcho". O Candeias dirigia, fotografava, escrevia roteiro... escrevia, não, adaptava na hora ali. Fotografia, câmera, direção, produção, enfim, tudo, dirigia a Kombi que levava o pessoal. Era uma coisa maluca. O Virgílio era o braço direito dele. E o Candeias dirigindo era um cavalo, um cavalo. Lembro que um ator, o Clemente Viscaíno, se atrasou um dia, porque ensaiava até tarde no teatro. Ele é um dos dois emissários do *Hamlet*, mas o Candeias dispensou o Clemente e ficou só com o Batista, que era o outro emissário. Sumiu! Você não percebe no filme, porque o Candeias era muito hábil, é impressionante.

LLC: Trabalhar com o Candeias já dava prestígio naquele momento?

Inácio: Ah, dava. O David Cardoso ia pelo prestígio. Ele e o Agnaldo Rayol. O Agnaldo, eu acho que até entrava com o dinheiro para a produção. Mas havia ainda o Túlio de Lemos, a Bárbara Fazio... não, mas aí não era por prestígio, esses tinham prestígio próprio e iam prestigiar o Candeias, vamos dizer assim. Então tinha isso, mas para o David era um bom negócio, sem dúvida, no sentido de dar prestígio. O Candeias já era bem-visto.

SA: Menos pelo Rubens.

Inácio: Naquele filme. Do outro ele gostava. Mas teve essas lições, ele falava de como fazia para dirigir ator ruim, de como ele desviava a câmera na hora certa... O uso da câmera era associado à debilidade dos atores que ele tinha. Mas, enfim, quando eu começo a trabalhar com o Silvio Renoldi, entro efetivamente para o cinema, porque com o Candeias eu fiquei olhando; eu olhava, batia a claquete e tal. Mas, mais do que isso, eu acho que do Candeias, sobretudo, tinha a grande lição crítica, uma das minhas grandes lições críticas. Ele tinha dirigido uma cena de um jeito tal, e eu falei para ele: "mas, Candeias, por que em vez de fazer o personagem assim, você não fez o personagem assado?". Alguma besteira assim. Ele disse: "Falar é fácil, fazer é outra coisa". Eu pensei: "Puta merda". Calei a boca dali até o fim da filmagem. Mas depois, quando você vira crítico, é interessante... de fato, às vezes a gente é muito leviano ao falar.

É muito fácil você chegar lá no jornal e dizer: "ah, o filme é uma merda"... É uma merda, mas calma, não é? Nossa obrigação é tentar entender o que o cara quis fazer, e não impor o que eu gostaria de ver ou de fazer. Isso me parece importante. Com o Silvio foi um aprendizado diferente, muito interessante. Eu não sei como que o Silvio me aguentava, porque ele era um cara muito simples, um cara do Jaçanã, acho que com curso ginasial, se tanto, e um talento absurdo. Não era simples talento, ele tinha uma percepção imediata do filme, gostava de filmes rápidos. Quando o filme não corria muito rápido, ele não gostava, o que para mim foi muito bom, depois eu explico o porquê. Mas, enfim, o Silvio tinha uma mão, pegava um plano da sequência oito e trazia para a sequência dois, ou vice-versa, você sente isso no *Bandido da Luz Vermelha*. Claro que tinha o talento do Rogério [Sganzerla] etc., mas você sente a presença do montador ali. Na *Corrida em busca do amor* [Carlos Reichenbach, 1972], então... Esse eu já peguei no final da montagem. Fui durante dois anos assistente do Silvio, entre 1970 e 1972. Eu era cabeludo naquele tempo, vocês não acreditam, meu apelido no *Jornal da Tarde* era Beethoven. Um cabeludo, metido a intelectual. Mas do Silvio tirei umas lições muito boas. Eu falei: "Silvio, quando você monta um filme ruim, o que você faz?". Ele responde: "Faço o melhor que posso". É uma obrigação sua, você é um montador de filme, é o que você pode... E outra coisa que ele me ensinou, que foi preciosa, é comercial. Imagina, 1970, 1971, ditadura comendo solta, você achava que os filmes de publicidade eram um nojo. Eu tinha um certo desprezo. Ele falou: "Em trinta segundos, você tem todos os problemas que você tem num longa-metragem". De fato. É impressionante. Então houve coisas que para mim foram muito boas, embora eu tenha tido em certos momentos uma relação muito difícil com ele, e hoje eu acho que tudo por minha culpa. Eu era quem eu era, e ele era quem ele era. Mas depois correu muito bem, as coisas entre nós sempre correram muito bem depois.

LLC: Então de alguma maneira o jornalismo e o cinema entraram na tua vida não totalmente por acaso, mas meio por acaso.

Inácio: Por acaso. Praticamente... Olha como o mundo era diferente. Imagine hoje, para você trabalhar num jornal, você tem que mandar currículo, fazer isso, fazer aquilo...

LLC: O que a tua família achava da atuação no cinema?

Inácio: Acho que não achava nada. Eu sou o terceiro filho. A minha mãe dizia: "No fim, todos falam, todos andam, todos aprendem a escrever". Todos crescem, em suma.

SA: Mas voltando ao Silvio...

Inácio: Então, minha experiência com o Silvio abrangeu várias coisas, fazia todo tipo de filme. E eu aprendi muito, nem sei como. Por exemplo, a lidar com produtor. Porque ele estava montando, o Galante abria a porta e dizia: "Como é? Está pronto?". Ele dizia: "Não enche o saco, Galante", aí o Galante ia embora. E quando eu começo a trabalhar com o Galante, faço a mesma coisa. Era um atrevimento absurdo. O Galante tem um lado cangaceiro, mas você fazia isso... Engraçado, eu peguei do Silvio esse jeito de trabalhar com o Galante. E comecei a montar com o Galante, justamente. Com o [Alfredo] Palácios [sócio de Galante na produtora Servicine], na verdade, porque o primeiro filme que eu faço é o do Márcio Souza, *A selva*, que ficou um filme muito ruim. Acho que, de toda a equipe, fui o único cara que continuou no cinema. Todos na equipe viraram outra coisa. Não sei como sobrevivi... Quer dizer, foi graças ao Galante, que chegou e falou "você não tem culpa", com todas as letras. E aí ele me dá *Os garotos virgens de Ipanema*, porque eu não me lembro se foi uma briga ou o que foi, mas o Silvio monta durante uma semana, algo assim, e some. Não sei o que aconteceu entre eles, mas ele largou o filme, que é do Oswaldo de Oliveira. Acho que o Silvio também disse: "Ele já pode pegar o filme e tal".

Bom, quando eu começo a trabalhar com o Silvio, também começam outras amizades, começa a se manifestar um outro gosto cinematográfico. Quer dizer, foi muito via Carlão, que eu começo a ver "opa, tem um cinema americano que é uma coisa importante, e que eu não conheço". Então... bem, diferente do que quase todo mundo imagina... O Jairo [Ferreira] era um cara que matava aula para ir ao cinema. Eu nunca matei aula por causa de filme.

LLC: Quer dizer, a tua cinefilia veio mais tarde...

Inácio: Bem mais tarde. Acho que ela se consolida mesmo em duas coisas: com o Carlão e, depois, quando eu morei na França. Essa coisa de ir atrás de filme antigo e tal. Mas, no Brasil, o Carlão foi o mestre. O Carlão daquele jeito "genial, genial, não sei o quê...". Tinha outros também, não vou dizer que foi só o Carlão. O Alfredinho Sternheim, desde o tempo do *Jornal da Tarde*, às vezes me indicava coisas, e o Antônio Lima, que era um crítico mineiro, às vezes a gente via filme juntos, era sempre instrutivo. Bom, o Lima, sobretudo, era muito bom, ele não era um bom cineasta, mas era bom crítico. Aí o Carlão me chama para a Jota Filmes. O projeto dele parecia coisa de maluco, ele compra metade de uma companhia de comerciais, que tinha sido a de maior prestígio no Brasil. Só que o sócio principal, o Jacques Deheinzelin, saiu, a Jota Filmes ficou com o Valdemar Lima e o Lúcio Braum. Aí a companhia degringola... Nisso, entra o Carlão e compra a metade dos dois. Então o Carlão fica como sócio da ex-mulher do Jacques, a Gini Deheinzelin. Ora, o Carlão compra aquilo lá, em parte porque se apaixonou pela moviola, que era uma bela Intercine italiana. O Deheinzelin era a alma da Jota, ele era o grande cara do comercial naquele momento. Era assim, você tinha duas grandes companhias na época: a Linx, do Chick Fowle, que fazia mais o varejão, e os filmes chiques ficavam com o Jacques. Ao menos é o que me contaram. Bom, o problema é o seguinte: a companhia já estava completamente ultrapassada, porque publicitário gostava de trololó, última câmera, não sei o quê.

LLC: Hoje em dia também.

Inácio: Hoje em dia também, não é? Um equipamento precioso, mas ultrapassado. Tinha uma câmera Cameflex, com a qual o Carlão vai filmar o *Lilian M*, e você vê... O *Lilian M* tem uma estabilidade que parece Mitchell, é uma coisa de louco a qualidade da Cameflex. Só que é uma câmera chata porque carregar o chassi era complicado. E tinha a Arriflex, mas era a Arriflex I e precisava ser a Arri II ou III ou IV, sei lá. Então, do ponto de vista econômico, para o Carlão, aquilo foi um desastre. O Carlão não era exatamente um bom comerciante, nunca foi, não é isso que se espera dele. E tinha um conflito, porque o Carlão comprou aquilo pensando em transformar tudo e criar uma estrutura para produção de filmes de longa-metragem à moda do Roger Corman, filmes baratos. E a Gini queria fazer os comerciais, a publicidade. Então você imagina, cada um com cinquenta por cento, só tinha que dar besteira. E deu besteira, mas lá eu montei um monte de filmes. O Galante ficou meio magoado comigo por um tempo, por eu ter começado lá, afinal de contas. Basicamente, o Silvio montava na Servicine, e, depois que eu fiz o primeiro filme, eu caí fora. Bom, a outra coisa que é importante falar do meu aprendizado é o Khouri. Acontece o seguinte: a horas tantas, o Silvio pega um filme do Khouri para montar, *As deusas* (1972). A má vontade do Silvio com o Khouri era inacreditável, porque o Khouri dizia: "Silvio, deixa três fotogramas a mais", essas coisas. Era um detalhista. O Silvio não aguentava aquilo. O Sylvio: "Quer os fotogramas? Está bom". Ele colocava os fotogramas de volta. Aí ia lá à noite, depois que o Khouri tinha ido embora, e cortava os fotogramas de novo. Quer dizer, montava do jeito dele. O Khouri tinha uma vantagem: é um diretor de quem você pode gostar ou não gostar, mas ele fazia exatamente o que queria. Ele era muito bom.

SA: O filme não escapava dele...

Inácio: Ele tinha umas coisas fantásticas, eu gostava muito dele. Ele tinha uma intuição cinematográfica. Não era intuição, não. Era uma percepção muito interessante. Ele dizia: "A luz do Chick Fowle é encarvoada". De fato, você olha bem, parece que está em Liverpool, é tudo encarvoado. Aí eu comecei a prestar atenção nos filmes da Vera Cruz. E são mesmo encarvoados, impressionante. Trabalhei muito com ele nesse filme, montei música, montei a parte de ruído, aí a gente ia e voltava o filme... fazia o que ele queria, vai e volta, põe, tira... O Silvio não suportava isso, mas para mim era diferente, aprendi enormemente com ele.

LLC: E na Jota...

Inácio: Aí, bom... Fui com o Carlão para a Jota, montei vários filmes, montei muita publicidade, montei o primeiro filme do Carlão que eu fiz lá, *Lilian M*. Peguei também um [filme do] Mazzaropi para montar, o *Jeca Macumbeiro* (1974), isso foi uma experiência interessante, e o Sylvio Back, o *Aleluia, Gretchen* (1976). São duas experiências opostas e foram bem interessantes. Nunca tinha visto um filme de Mazzaropi até então, para vocês verem a distância que minha família tinha do cinema. Então o Mazzaropi foi interessante. Eu fiz uma coisa que ele detestou, deixei o filme nos oitenta e três minutos. E para o Mazzaropi havia aí uma questão ética, ele tinha que vender noventa minutos de filme ao público. Mas eu falei: "Então filma mais". Eu era essa coisa, não viesse encher o meu saco: se não tem história para ter noventa minutos, não vai ter. Como é que vou botar mais sete minutos? Não tem história. Sinto muito. Eu era bem Silvio Renoldi nesse aspecto. Mas era uma questão ética. Tinha que vender... O público não podia sair com uma hora e vinte. Não importa se o filme era bom ou ruim. Mais tarde fui ver um bom Mazzaropi da Vera Cruz, eu gosto do *Chofer de praça* (Milton Amaral, 1958), d'*O corintiano* (Milton Amaral, 1966), que acho um belo filme.

LLC: Ele estava ganhando muito dinheiro nos anos 1970.

Inácio: É, mas sabe o que foi? Antes do *Jeca Macumbeiro*, ele tinha dois fracassos, não me lembro mais quais são, mas tinha... não era fracasso na verdade, era fracasso para os padrões dele. Eu sei que o *Jeca* foi muito bem e foi a primeira vez que eu fui ao cinema e vi o público dele... Bom, quem é esse público? Era um público muito mais, vamos dizer, urbano do que eu esperava, era como uma pequena classe média. Eu pensava que fossem todos uns caipiras que tinham vindo sei lá de onde, o cara que acabou de carpir o campo e veio ver o filme. Não tinha nada a ver. E era muito engraçado: durante o filme, os caras ficavam conversando, comendo pipoca e tal, quando entrava o Mazzaropi, silêncio total e risada, bastava ele botar o pé na tela, sabe, o público reagia formidavelmente bem. Engraçado isso. Porque tinha o mocinho com a mocinha, o coronel, e o público estava pouco se lixando... E o último filme que eu montei antes de ir para França foi o do Sylvio Back [*Aleluia, Gretchen*].

SA: É bom esse filme.

Inácio: Ninguém acredita que foi difícil, porque é um filme muito de plano sequência... Foi um dos filmes mais difíceis que montei. Muito difícil. Um bom filme, um bom filme. Mas difícil de encontrar o tempo, sabe? E se você deixa um pouco a mais, fica uma coisa molenga. Então foi muito difícil. Uma montagem de uns quatro, cinco, seis meses até, no total. Só para dublar foi um mês... vocês não podem imaginar... Tem uma cena de doze atores em torno de uma mesa, vocês lembram dessa cena? Tem doze atores. E quem disse que você vai reunir doze atores? Você não vai reunir. Você vai fazer umas cinco, seis vezes, porque um dia vinha Lílian Lemmertz, no outro vinha a atriz do Rio que fazia a mulher do Sérgio Hingst e odiava ele. No outro, vinha o dublador mesmo, porque os atores do Paraná não podiam vir. Enfim, vocês não acreditam o que era fazer som naquele tempo. A Odil era assim; era um começo de ano, chovia muito. Chove, para a dublagem, porque entrava o ruído da chuva. Para tudo e espera até passar. Aí passa a chuva, mas tinha um colégio ao lado deles. Aí vem o barulho do recreio, para tudo outra vez. O tempo que a gente levou dublando aquilo é inacreditável. Tem um monólogo do Sérgio Hingst, que não decorava texto.

Era ótimo ator, mas tinha um problema para falar suas falas, você tinha que ter paciência. Às vezes, o Sérgio entrava, nessa cena dos doze, tinha uns seis ou sete atores reunidos, e o Sérgio tinha que dar só uma entrada, dizer "não concordo com isso", alguma coisa bem simples, não importa. Dava branco. Agora você imagina um monólogo dele no cemitério, num plano geral, para falar, para decorar, para fazer o sincronismo. Foi praticamente um dia.

LLC: E a maioria dos atores dublavam a si mesmos ou era muito comum ter outra pessoa dublando?

Inácio: Variava. Acho que tinha uns que se dublavam e tinha uns que... às vezes por alguma razão as pessoas não dublavam por mania. Por exemplo, o Luigi Picchi, ele não se dublava, porque ele era um italiano, mas, meu, pega o cara e bota ele num papel de um italiano, ótimo, fala com sotaque. Ninguém jamais fez isso. Ninguém. Eu acho que uma bola dentro que eu dei, por exemplo, foi o José Júlio Spiewak, no *Lilian M*, que eu insisti com o Carlão, esse cara tem que dublar. Vocês não conheceram o José Júlio, o José Júlio era um discípulo do Biáfora completamente aloprado. Ele falava de um jeito muito particular, se vocês revirem *Lilian M*, vão lembrar, ele faz aquele detetive, o Shell Scorpio. E o Carlão falou: "Não, ele nunca vai conseguir se dublar". Eu falei: "Deixa, eu vou cortar os anéis bem curtos, é uma fala só". Um sonho. O José Júlio não errava um, ele entrava e podia falar... se ele falasse dez vezes, ia falar na mesma velocidade. Então eu cortei os anéis curtos, e ele acertava todas. Foi facílima a dublagem. Eu falei para o Carlão: "Vale o esforço, essa voz dele é única, é especial".

LLC: E como foi a tua ida para a França em seguida?

Inácio: A ida para a França foi meio por acaso. Eu tinha uma namorada que foi para a França estudar. Ela disse: "Você vem comigo?". Eu falei: "Não, estou montando esse filme aqui, não vou". Mas aí ela ficou lá na França me ligando: "Vem para cá, é facinho, é baratíssimo". Na época, 1976, era muito barato para estudante morar lá. Eu tinha dinheiro dos filmes publicitários guardado. Dava para ir e ficar um tempo lá. Aí eu hesitei muito até que... Não fiz nem o *trailer* do filme do Sylvio Back, foi o Eder, que era o meu assistente, quem fez. Bom, posso também contar a história de assistentes, eu tive o Jairo Ferreira de assistente.

SA: Isso é brilhante.

Inácio: O Jairo era completamente maluco, porque ele tinha uma grande vantagem: ele tinha uma moto, ele ia ao laboratório, voltava e tal. Era muito bom ter ele ao lado, qualquer loucura que você quisesse fazer... Muito diferente do Eder [Mazzini]. O Eder era todo da exatidão, o Jairo era "vamos embora, vamos lá então". Mas o Jairo em contato com o mundo era horrível... Por que ele era um diretor de super-8? Porque ele fazia sozinho. Eu me lembro da Olga, montadora de negativo da Líder. Um dia ela me telefona e diz: "Não me manda mais esse cara aqui".

***

Inácio: Bom, aí vou eu para a França, onde aquela garota estava... E quando eu chego lá, ela estava com outro cara. Eu falei: "Bom, agora eu vou ficar aqui, cheguei e vou ficar".

LLC: E foi nesses acasos da vida que tu conheceste a Sheila por lá?

Inácio: Foi, mas depois. O primeiro ano foi até bem duro por conta disso, mas era uma delícia estar lá. De repente eu me lembro de tudo aquilo que o Carlão vivia me falando. E fiquei amigo de um colombiano chamado Ignácio Fuentes, um cara muito interessante, mas pancada. Ele só via filmes.

SA: Você teve aula com Jean Douchet. Foi nessa época, né?

Inácio: O Douchet é um pouco diferente. Eu me matriculei na Escola de Altos Estudos em Ciências Sociais. Assisti ao curso, era um seminário bem interessante, sobre cinema e história. Foi onde eu conheci a Sheila, no curso do Marc Ferro. Me matriculei porque na Escola de Altos Estudos você não precisava apresentar documento de fim do curso normal. Entrava logo na pós-graduação. A escola é uma herança do Maio de 68. Você simplesmente chegava e era ou não aceito pelo orientador. E os professores lá eram todos bambambãs. Mas isso era só na École. Nas outras, não. Na Sorbonne eu me matriculei em filosofia, mas nunca frequentei. Porque eu entrei nessa de ir para o cinema o tempo todo. Quando não estava no cinema, estava lendo algum livro de cinema ou conversando. Então esse foi um momento de formação cinematográfica clássica. Tinha a Cinemateca e tinha os filmes do Quartier Latin.

Sheila: Mas por que você foi parar no [curso do Marc] Ferro?

Inácio: Olha, a primeira coisa, porque eu cheguei lá com uma carta de apresentação do Paulo Emílio para a Mary Meerson, viúva do Henri Langlois...

Sheila: Cadê essa carta?

LLC: É, então, essa carta tem que estar no livro.

Inácio: Não tem. Eu joguei fora. O Paulo Emílio falava tão bem de mim e era tão mentiroso nesse aspecto... A carta era para Mary Meerson...

Eu não tive coragem de mostrar isso para ela. Não, não sei o que aconteceu. Perdi, enfim. E ele morreu pouco depois. Logo que eu cheguei lá, ele morreu.

Sheila: E aí você não usou essa carta para nada?

Inácio: Não usei. E espero que vocês não encontrem. Só serviria para provar que eu sou um idiota que nem entende o que é uma carta de apresentação. Voltando ao Ferro, alguém me falou, não me lembro mais quem, que era um cara muito interessante, com uma coisa muito estimulante, a questão do vínculo da história com o cinema e tal. E lá eu preparei o meu *mémoire* e fui mostrar para a assistente dele, que torceu o nariz. A Annie Goldmann. Ela tinha toda razão, aliás, porque eu queria demonstrar que tais filmes do Howard Hawks eram absolutamente impossíveis de você vincular à história (risos). Ora, o Ferro inventou a vinculação de uma coisa a outra, o seminário se chamava Cinema e História...

Sheila: Sério? Era esse o teu projeto?

Inácio: Era esse. Insano, insano. Mas a verdade é que eu não via e até hoje eu não vejo mesmo, cá para nós, na maior parte deles, vínculo com a história – ao menos não fundamental. Claro que qualquer coisa está inserida no seu tempo.

LLC: E esse projeto tu não tens mais também?

Inácio: Não tenho mais. Mas aí é que entra o Douchet. A primeira vez que ouvi falar do Douchet foi por um amigo meu chamado Velso Ribas, que estudava no Idhec [Institut des Hautes Études Cinématographiques (Instituto de Altos Estudos Cinematográficos), onde o Douchet dava aula. Ele falou: "Vamos lá, eu vou te levar um dia para você ver o Douchet". Mas não era o Douchet aquele dia, era o Serge Daney. Era fantástico, você pegava um filme e ficava o dia inteiro só naquele filme, manhã e tarde. Era genial. Então aí o Velso Ribas fez a coisa de tal maneira que eu apresentei esse projeto para o Douchet, que eu mostrei o projeto a ele... E, como fiquei muito inseguro por causa das críticas que a Goldmann fez, porque ela falou "não, tem que acrescentar o Frank Capra, o Leo McCarey, não sei o quê", "pô, eu não queria falar desses agora", não era essa a questão para mim. Bom, o fato é que eu fui lá mostrar para o Douchet na casa dele. O Velso diz: "Vai lá tal dia, tal hora". Eu cheguei na hora combinada, e lembro que ele falou: "Você é o primeiro brasileiro que chega na hora". Está bom, vamos lá. Aí ele leu, e disse: "Está muito bom. Quisera eu que todas as teses fossem tão boas quanto essa. Agora tem uma coisa: essa parte de semiologia que você pôs aqui, tira tudo fora, está provado que a semiologia não deu certo em cinema".

SA: Era a época, nossa! Anos 1970, Christian Metz...

Inácio: Putz, aquele cara chato da semiologia era um Deus. E o Douchet falou: "Isso não deu certo em cinema". Aquilo me tirou duzentos quilos das costas, a gente vai atrás da moda. Então "ah, semiologia, o que é a unidade de significação no cinema, perde anos com uma bobajada dessas". Eu fui embora com elogio, mas acabou que nunca escrevi, porque aí eu voltei para o Brasil, nem escrevi porque aqui ninguém dava bola para o Hawks.

E depois, muito tempo depois, o primeiro livro que eu li sobre ele – o primeiro de caráter universitário – dizia mais ou menos as coisas que eu pensava. Dizia melhor, claro, mas, por exemplo, na questão da interferência dos quatro elementos, terra, fogo, ar e água, os quatro elementos que saltam aos olhos nos filmes dele, e nos filmes dele não tem Deus, então uma coisa entrou no lugar da outra. E Deus é presente no cinema americano inteiro, sobretudo no John Ford, que era o padrão ali. E o Hawks me propunha um problema: como é que você sustenta filmes com histórias absolutamente idiotas, banais? E, no entanto, você sai do filme e diz: "O que tem nesse filme que eu fico assistindo, eu me interesso, eu rio e tal, mas ele não é nada? Nada!". Como você segura um filme no filme, não na história, na importância da história, essas coisas. Aí me veio um fascínio todo especial por ele, mais do que pelo Hitchcock, porque no Hitchcock tem sempre uma história, o Hitchcock tem algum ponto de atração. O Hawks não tem. Então foi isso que me pegou muito no caso dele, me pegava muito no caso de certos cineastas. Eu lembro até que o Douchet falava: "Não, você tem que reler o meu artigo do número

39". Fui atrás do número 39 da revista. Não acho dos melhores artigos dele. Ele não é tão bom com o Hawks, ele é bom com outras coisas.

Sheila: De Hitchcock, não é?

Inácio: Sim, com Hitchcock e Fritz Lang ele é uma enormidade. Então... O interesse é relativo, não é que não sinta, mas é relativo, não é da paixão dele. Para mim virou uma paixão assim. Acho que o artigo dele é interessante, tem coisas muito boas, mas não é que nem os artigos do Hitchcock, Deus me livre!

SA: [Sua] Formação [é] só [pel]a crítica francesa? O [português] João Bénard da Costa, por exemplo, é muito semelhante...

Inácio: O Bénard da Costa eu vim a ler depois.

SA: Porque tem semelhanças entre os dois estilos, não é?

Inácio: Mas a gente não conhecia nada português aqui. Você conhece coisas portuguesas depois. A gente vai a Portugal e começa a ter catálogos. Eu tenho até hoje uns catálogos deles, da Cinemateca Portuguesa...

SA: Esse do Hawks, aliás, é maravilhoso [está na prateleira atrás do Inácio].

Inácio: É fantástico, tem esse do Rossellini também, mas, enfim, o Bénard é um cara muito bom, mas é posterior. O Bénard é lá dos anos 1980, digamos assim. Não, nessa época a minha formação é toda francesa. Acho que nem o Jonathan Rosenbaum eu lia.

LLC: Voltando à França, quanto tempo tu ficaste na França?

Inácio: Foram três anos e meio. Eu fui para ficar um ano... Era fantástico, era fantástico, porque já não era 1968, porque eu acho que 1968 foi o que foi, mas acho que era muito atrapalhado também. Aí era uma época em que tinha ainda passeatas... Eu morei quase todo o tempo na Casa do Brasil e o diretor era um homem, Jean Piwnick era o nome dele, maravilhoso... Era um lugar importante porque era arquitetura do Le Corbusier com o Lúcio Costa, só que ela estava toda desfigurada. Porque era uma esculhambação lá, o Piwnick estabeleceu a anarquia geral. Hoje é quase fascismo. Horrível. Eu passei lá com a Sheila uma vez depois, achei horroroso aquilo, frio. Lei e ordem. O horror.

LLC: A tua leitura dos críticos franceses é também do tempo da França?

Inácio: Do tempo da França. Desde o meu contato com o Carlão, eu percebia a importância daquilo, mas daí às vezes tinha um filme assim, sei lá, *Os brutos também amam* (George Stevens, 1953). Por que os caras lá na França acham que é ruim e todo [o resto do] mundo acha que é bom? Então eu ia atrás. Então a *Cahiers du Cinéma* tem uma presença muito forte não só geracionalmente, porque era importante para os colegas de geração, como acaba sendo para mim, porque vira um referencial muito forte. Os dessa primeira época, da fase amarela, e, mesmo que tenha para mim menos importância, os de depois... Os da época do Serge Daney, aqueles que pulavam a janela na aula do Ferro (Jean Narboni, Serge Le Péron). Era uma maluquice a aula do Ferro, ficava entupido de gente, e de repente quem chegava atrasado tinha de entrar pela janela, não dava para entrar pela porta.

LLC: Eles pulavam a janela para assistir à aula?

Inácio: Pulavam. Mas o importante, eu acho, é que os *Cahiers* até hoje são... mesmo que hoje não sejam o que já foram, a melhor referência que existe. Os caras erram? Erram. Mas naquele tempo erravam também. Então, em quem você vai confiar? Mesmo que você não concorde, alguma coisa ali tem. Você quer saber quem é que vai atrás do [iraniano Abbas] Kiarostami, do [estadunidense] Monte Hellman... são eles. Mas essa geração acho que é menos interessante. Você tem a geração do Daney. O Louis Skorecki. Uma maravilha, ele escrevendo.

SA: E há o tempo do Charles Tesson, do Olivier Assayas.

Inácio: Olivier Assayas... Também ali você teve uma geração forte...

SA: Pascal Bonitzer era crítico.

Inácio: Era chato, desde sempre chato.

SA: Mas ele tem texto bom, tem um sobre Hitchcock de que eu gosto bastante.

Inácio: Ah, é? Deve ter, mas eu acho ele chato.

SA: Quando dá para ser chato, é chato...

Inácio: Quando dá para ser chato, não tem meia medida, é impressionante. Mas então tudo isso foi uma referência muito forte. Estando lá, você chega e tem o Douchet na sua frente, você assistindo à aula dele, é muito impressionante, porque de repente esses caras veem coisas nos filmes que eu jamais pensaria em ver. E você vai vendo filmes, vai atrás, corria muito atrás de filmes quando morei lá.

LLC: E o fato de tu teres criado o curso de história de cinema tem alguma relação com essa experiência de ter as aulas do Douchet?

Inácio: Não. O curso tem relação com a *Folha*. Quer dizer, aconteceu o seguinte, quando eu entrei na *Folha*, era um pequeno jornal, mas onde todos se conheciam. A gente escrevia para nós mesmos, no fundo, para os amigos...

LLC: Isso em 1983?

Inácio: [Em] 1983, 1984. Ora, com o tempo, a *Folh*a começa a crescer loucamente. Então chega um momento em que ela tem um milhão de leitores e... para quem você está escrevendo? Porque para mim a crítica era assim, era como conversar com um amigo sobre filme. "Eu penso isso", às vezes você concorda, às vezes não concorda, enfim. Mas é como conversar. É uma conversa sobre o filme, sobre o que você pensa, o modo de ver o mundo. Isso era lá por 1995, 1996. Então me deu uma angústia de escrever. Para quem estou escrevendo? Com quem estou falando? Pior: veio um momento em que qualquer um escrevia crítica, porque começou a ter internet. E, com internet, o cara batia lá o que saiu no *New York Times* e meio que copiava aquilo. Então, bom, como é que fica? Isso aqui, o cinema, tem uma história, não nasceu ontem. Então eu preciso conversar com as pessoas diretamente, ter uma relação direta com as pessoas. E aí é que eu pensei num curso... na verdade, esse foi um momento em que fui terceirizado pela *Folha*. Portanto eu ganhava alguma autonomia. Não estava mais na redação etc., não o tempo todo, enfim. E, nesse momento, o Rodrigo Naves tinha um curso... tem até hoje, um curso magnífico de história da arte. E ele me diz: "Por que você não vem dar um curso aqui? Porque eu tenho o espaço que eu alugo aqui, a gente pode dividir". Naquele momento, não dava, porque o Galante estava com um projeto de filme e eu estava envolvido na ideia do Galante. Não deu em nada, porque, enfim, ele já tinha se afundado no filme da Carla Perez [*Cinderela baiana*, 1998]. Mas o que aconteceu? Um ano depois, então, eu fui: "Rodrigo, eu acho que agora pode ser". Ele falou: "Ah, bom, agora eu já estou dividindo a sala com outra pessoa, fica complicado, mas tem uma senhora..." etc. etc., aí eu fui dar o curso lá em Perdizes, onde ele começou.

SA: Eu queria falar do livro sobre o Hitchcock que você lançou em 1982, depois de voltar ao Brasil. Foi um convite? Ou você resolveu escrever e procurou editora?

Inácio: Foi um convite, na verdade. O Luiz Schwarcz estava fazendo a coleção *Encanto Radical*. Ele tinha feito uma coleção de muito sucesso na [editora] Brasiliense, que era aquela Primeiros Passos. O Ismail Xavier fez o [livro sobre o cineasta estadunidense D. W.] Griffith. Eu propus algum nome, não me lembro qual... Ele falou: "Não, tem que ser alguém que morreu". Os radicais tinham que ser mortos! Ele na verdade queria que eu escrevesse sobre o [drama-turgo e ator francês Antonin] Artaud. Eu falei: "Não, não estou mais nessa *trip*, não quero escrever de Artaud, é muito complicado, não tenho condição de escrever. Hitchcock?". Hitchcock. E foi.

SA: Foi um dos diretores que você descobriu melhor na França?

Inácio: Foi. Certamente. O Hitchcock... eu já conhecia, né? Mas eu tinha alguma reserva. Aí eu tinha uma amiga, Mary Lafer, você sabe dessa história, não é, Sheila? A Mary adorava Hitchcock. Ela falou: "Vem comigo, você vai gostar do filme". E fomos ver *Um barco e nove destinos*. Foi aí que descobri o Hitchcock mesmo. Foi um encanto para mim. Aí eu comecei a ir atrás. Eu lembro que, poxa vida, tinha um filme que não dava para ver na época, que era o *Vertigo* [*Um corpo que cai*, 1958]. Eu entrei na Cinemathèque, não sei como, consegui entrar num dia de sorte em que passava *Vertigo*. Foram dois filmes: *Vertigo* e *O testamento do dr. Mabuse* [Fritz Lang, 1933]. Cópias de arquivo, eles tiravam raramente para exibição. Eu vi *Vertigo*, foi uma coisa.

***

Inácio: No finzinho de 1979, praticamente 1980, volto ao Brasil e penso: "Olha, montar eu não quero mais. Já montei o que eu queria, o que podia. Já fiz o que dava para fazer". Para mim, era tudo uma preparação para dirigir. Então, falei: "Eu quero fazer outra coisa, quero fazer roteiro, talvez". Eu lembro que, quando cheguei, havia um grande entusiasmo em torno dos filmes brasileiros, que estavam fazendo muito sucesso. Fui ver, achei tudo uma porcaria acabada.

LLC: Nesse período todo, Inácio, não passava pela tua cabeça ser crítico?

Inácio: Não. Na verdade, a gente teve uma revista, em 1974, a *Cinegrafia* (que eu uso no *e-mail* até hoje). *Cinegrafia* porque tinha saído uma revista da Cinemateca muito interessante, mas a gente falou: "Seria legal ter uma revista de grupo, que representasse um tipo de pensamento, e não fosse todos os pensamentos". Tinha eu, Carlão, Zé Mario Ortiz Ramos, que era amigo do Eder, o Eder, claro, o Jairo. O Eder tinha uma ligação com um pessoal de São Carlos, então daria para fazer impressão, tudo isso lá. Desculpa, eu voltei atrás, para a época da Jota. Aí nós resolvemos fazer essa revista. O centro do primeiro número era uma entrevista com Paulo Emílio. O problema é que o pessoal lá de São Carlos queria uma revista de esquerda, eles eram um centro acadêmico, e a gente não tinha nada a ver com isso. Estávamos longe de ser reacionários, não era isso, mas não era um engajamento, filme de esquerda, imagina. Eu traduzi um artigo do Artaud, um do Godard. O do Godard era "Revolução começa em casa", me lembro bem do título. E tinha outras coisas.

Sheila: E essa entrevista do Paulo Emílio é bem importante?

Inácio: Virou importante por causa daquela história [de] que o filme brasileiro, o pior filme brasileiro é mais interessante. Foi uma boa entrevista com ele, o lado anarquista dele, foi muito bacana, mas foi isso. No primeiro número, entrevista com Paulo Emílio, no número dois vamos entrevistar o Biáfora. Mas não deu certo.

SA: Biáfora e Paulo Emílio eram as referências de crítica no Brasil para vocês?

Inácio: Mais o Biáfora. Ele e o Paulo Emílio eram os opostos, quer dizer, você tinha o patrício e o plebeu, eles não podiam se dar bem nunca. O cinema era a vida do Biáfora. [Para o] Paulo Emílio, não. O Paulo Emílio era um pensador, é diferente. Algumas coisas que o Biáfora falava para a gente eram muito certas. Quando ele via um filme em que o cara usava calça boca de sino ou cabelo comprido, dizia: "Esse filme... não faça isso, porque quando a moda acabar, o filme vai parecer uma velharia insuportável". E, de fato, hoje, quando você vê num filme aqueles atores, logo se interroga: "O que é isso? Boca de sino?". Parece que o cara está com uma fantasia, entendeu?

A roupa tem que ser clássica, o cabelo tem que ser clássico. É absolutamente correto isso. Isso no meio de todas as loucuras, porque o Biáfora era maluco... Mas ele tinha isso. Ele tinha um olhar muito especial. Agora, era maníaco, ele começava a falar e não parava mais. Quando a gente estava na Jota Filmes, ele chegou lá, ele estava montando *A casa das tentações* com o Silvio Renoldi. O Biáfora ligava... quando o Silvio saía, eu acho, acho que o Biáfora ligava e começava a falar. O Carlão ficava ouvindo um pouco. Daí vinha outro. "Ah, quer saber de uma coisa, isso já encheu o saco, deixa o velho falando e vamos ver quando ele percebe que não tem ninguém ouvindo." A gente voltava meia hora depois e o Biáfora continuava falando, falando, sem perceber que ninguém mais estava ouvindo.

SA: O Silvio montou *O quarto* também?

Inácio: Não. Que eu saiba só *A casa das tentações*. Jamais ele montaria dois filmes do Biáfora. (Risos) O Biáfora enchia muito o saco, porque não conseguia ver o filme, então chegava, a moviola estava aqui, ele tirava os óculos e chegava aqui para ver, e o Silvio detestava. Falava: "Eu compro para você uns óculos novos, eu pago...". Então eu sei que – conta o Silvio, eu não fui testemunha do fato – certa vez o Biáfora se coloca ali grudado para ver a tela da moviola, e a gravata dele entra na engrenagem. E ele quase morre. Olha, eu vou te contar... como dizia o Zé Trindade. Mas o Biáfora era isso, ele era esse cara que sabia o nome de todos os atores, qualquer atorzinho. Biáfora era uma pessoa muito boa, muito... mas louco. Não sei por quê, uma vez eu caí na besteira de falar pra ele que a Tônia Carrero era muito bonita. "Tônia Carrero é um monstro, um monstro." Tônia Carrero um monstro, pô? Eu estava lá na casa dele, ou ele me levou para a casa dele. "Olha aqui", e mostrou um álbum da Greta Garbo com a foto dela na capa. Dizia: "Está vendo? É como uma sinfonia do Mozart. Não começa nem termina, não tem fim". O Biáfora tinha intuições assim, que eu acho magníficas. Agora você não pode chamar isso de um pensamento, ao mesmo tempo era uma coisa muito fragmentária e muito dispersa.

LLC: Idiossincrática também.

Inácio: Era idiossincrático. Era bem idiossincrático. Era muito profunda a idiossincrasia, mas certas coisas, como vocês viram, eram geniais. Não lembro mais se escreveu, ou se ele falou, mas, enfim, ele dizia que, se o Rod Steiger não tivesse os tiques do Actors' Studio (ele achava o Actors' Studio um lixo), seria um Sérgio Hingst americano! O Sérgio Hingst detestava o Biáfora. *O quarto* era uma homenagem ao Sérgio, que ele adorava, mas o Sérgio o detestava. Então quem fazia o meio campo entre os dois na filmagem d'*O quarto* era o Jairo [Ferreira]. (Risos)

LLC: Imagina esse trio. Já estou pensando esse trio assim.

Inácio: Não é? Devia ser fabuloso. Então é isso. Todas essas histórias de Biáfora e tal, eu acho que é importante isso que a Laura falou, quer dizer, esse lado meio idiossincrático que ele tinha, onde havia grandes acertos e bobagens muito grandes. Uma coisa muito interessante: os conselhos dele para a formação dos elencos eram muito importantes para as pessoas que dirigiram na época. Só eu caí na besteira de falar: "Olha está vendo? Eu fiz o filme sem perguntar a você quem seriam os atores, quem eu devia escalar de ator". Ele falou: "Pois fez uma grande besteira, você estragou o seu filme". "Por quê?" "Aquela Isa Kopelman... ela não tem olhar." E é verdade. Ele tinha toda a razão. E foi o que eu enfrentei com a Isa, porque ela não tem olhar... Ele diz "o ator de cinema é basicamente o olhar", e a Isa era uma atriz de teatro. Ótima, por sinal. Tinha acabado de ganhar o Molière. Ela era de uma expressividade sem fim, então eu tinha que botar ela lá no fundo do quadro, porque senão você não via outra coisa.

Sheila: E ele gostou do filme, do teu episódio?

Inácio: Ele só falou isso: "Você estragou o seu filme". Está bom. Eu acho... que dizer? Acho isso idiossincrático, besteira, não porque não tivesse sua razão, porque eu acho que não tem um primeiro plano da Isa no episódio. Ou talvez tenha um, sim, mas eu não gostava da gesticulação dela, da coisa teatral que ela tinha, então eu botava ela lá para trás, onde não atrapalhava. Ela foi a minha decepção na filmagem, é inegável.

SA: Legal o olhar dele, de notar isso.

Inácio: Muito interessante. O Biáfora era muito bom. Escuta, quando saiu *O Bandido da Luz Vermelha*, eu acho que o primeiro cara que falou, botou o filme na lua, foi ele. Quando foram o Ícaro Martins e o José Antônio Garcia, foi o primeiro cara a falar bem do filme *O olho mágico do amor* (1981). E ele comprava os filmes. Quando ele gostava, ele comprava mesmo. Então, ele tinha esse lado muito interessante, sabe? Era isso, cinquenta por cento era maravilhoso, cinquenta por cento joga fora, que não serve para nada.

LLC: Mas, voltando à *Cinegrafia*, não deu certo com o Biáfora... aí vocês fizeram o quê?

Inácio: Resolvemos entrevistar o Jean-Claude [Bernardet] para substituir. Aí entra o *Lilian M*. Eu e o Carlão estávamos ocupados com a montagem do filme, então vai quem? O Eder, o Zé Mario e o Jairo. Dois gravadores, ou não sei se era um gravador. O fato é que eles me aparecem com duas transcrições absolutamente distintas. Eu sei que foi um problema, o Jairo de um lado com a versão dele, o Eder e o pessoal de São Carlos, de outro. O Jairo, de repente, sai com a revistinha dele, que se chamava *Metacinema*. E pronto, aí acabou tudo. Essa é a história da revista *Cinegrafia*. Uma chanchada.

Sheila: E essa entrevista, onde ela foi parar?

Inácio: A do Jean-Claude? Não faço a menor ideia. Mas, enfim, quando eu volto ao Brasil, o único filme que eu achei legal foi o do Cláudio Cunha, *Snuff* (1978). Era roteiro do Carlão, fotografia do

Roberto Buzzini, que era o fotógrafo da Jota. Naquele tempo os filmes duravam mais. Então, você encontra em uma reprise. Um filme muito bom, e acho isso até hoje. Eu revi há algum tempo e é um bom filme. Aí o Cláudio queria fazer outro filme e me chamou para ser o roteirista. Ele falou: "Eu queria uma história assim de separação de casal" etc. "Cláudio, vamos fazer um melodrama?" "Vamos lá."[5] Escrevi, tive alguns problemas na escrita, porque de algumas coisas ele não gostou. O Jean Garrett entra e contorna, reescreve comigo algumas partes. A história era de um advogado que tinha um automóvel e ia para Santos ou Guarujá. Ele [Cunha] falava: "Então, bota outro carro". "Para que outro carro? O cara é um só. Para que vai ter dois carros? Você passa o tempo todo mostrando um, de repente vai viajar, aparece outro. Parece um erro de continuidade." "Mas tem que ter dois carros para ter mais produção." Essas ideias meio cafonas que os caras tinham. Achei uma beleza o roteiro. Acho que foi a melhor coisa que escrevi. Fui ser assistente de direção no filme, o que foi um erro cavalar. Eu via o Cláudio destruir aquilo dia a dia, *take* após *take*. Foi uma tristeza. Eu fiquei muito magoado, porque achava um texto bom, mas enfim...

Sheila: Aquele troféu APCA era por esse roteiro?

Inácio: É, prêmio de melhor argumento, uma coisa assim. Esses anos de trabalho como roteirista são interessantes para mim, com o Jean Garrett acho que deu muito mais certo, porque o Jean era muito mais artesão. Você sugeria uma coisa e ele fazia... Eu acho até que ele poderia ter sido mais pessoal, mas ele foi sempre muito fiel. Isso todo mundo que trabalha com ele diz. O Carlão, se não me engano, o Trevisan e eu... muito fiel. Sabe, às vezes você tem uns problemas que eu senti muito em *O gosto do pecado*, por exemplo. A personagem feminina tinha que ter uma leveza, uma secretária. Pensei em alguém tipo a Aldine Müller. Mas o Cláudio Cunha vai fazer com a menina que ele namorava na época. Não era o

5 *O gosto do pecado*, 1980. [N. E.]

tipo adequado, era a namorada. E os cenários naquela época, vocês não têm ideia. Tem coisas naquela época que são inimagináveis, era só coisa que o cara conseguia emprestado. A sala do advogado, por exemplo. Uma sala em um prédio, esquina da Faria Lima com a continuação da Rebouças. Era de um médico. A mesa era de mármore, não tinha nenhum livro. Você já viu uma sala de advogado sem livro? O cara pode até não ler, mas entope tudo aquilo de livro. Onde já se viu isso? Com o Jean, em *O fotógrafo* (Jean Garrett, 1980), só fui lá um ou dois dias. Outro roteiro que eu fiz com o Garrett foi *Tchau amor* (Jean Garrett, 1983). Também é mais ou menos o que eu tinha pensado, mas também tem essa coisa das locações emprestadas. Tinha uma casa lá... pelo amor de Deus... Tinha uns patinhos na sala. Acho que era a sala da casa do Fagundes. O cara não era um cafona. Quando vi, perguntei: "Que diabo é isso? Que sala horrorosa...". Era assim o nosso trabalho naquele tempo. Mas foi muito digno meu trabalho com o Jean, eu gostava muito dele. E o Carlão, então, foi muito bom. Foi uma época, escrevi dois roteiros com o Carlão, o *Amor, palavra prostituta* (Carlos Reichenbach, 1982), que foi nosso desde o início, e o outro que foi o *Filme demência* (Carlos Reichenbach, 1986), que ele faz bem depois. A gente escreveu o roteiro lá em 1983, e o filme fica pronto em 1986. Eu estava na *Folha*, eu nem acompanhei a coisa. Quando fui ver o filme, nem lembrava que eu tinha escrito uma parte daquilo, mas aquele é um filme muito pessoal do Carlão. Eu entro meio que no meio. "Carlão, o que eu fiz nesse filme?" "Você mais tirou do que pôs." Hoje, revendo, eu me lembro de diálogos que a gente fez junto, mas, de fato, o material de base era muito excessivo. Eu acho que tirei algumas coisas. Foi isso. Tudo isso era uma preparação para eu dirigir. Logo depois, eu acho que pouco depois do *Amor, palavra prostituta*, surge a oportunidade de dirigir um episódio. Seria minha estreia, que foi o filme do Galante, *As safadas*, que acabou sendo a estreia e o final também. Acabou a carreira ali.

LLC: *Aula de sanfona*, que é roteiro teu também.

Inácio: É tudo, roteiro, direção e montagem. No filme do Carlão ele fez roteiro, direção e fotografia. O do Toninho Meliande, era certamente fotografia e direção.

SA: Você trabalhou nos filmes deles também?

Inácio: Não. Era uma época de grande inflação... O Galante tem um lado gênio. Se você faz um filme de três episódios, demora três meses. O Galante fez o seguinte: botou três equipes diferentes ao mesmo tempo, uma semana para filmar, uma semana para montar e mais duas entre dublagem, segundo corte e mixagem. O cara tinha o filme pronto em um mês. O princípio do Galante era a questão da inflação, era uma coisa que a gente não consegue imaginar hoje em dia, chegou a 10% ao mês[6]. Era um ganho enorme que ele tinha filmando muito rápido. Eu resolvi fazer uma história... Na verdade, o embrião foi outra história que eu e o Carlão pensamos, uma vez que nós vimos na Odil [Fonobrasil] um ator gordo, muito triste, tinha uma expressão muito triste mesmo, que nos comoveu muito. A gente escreveu um roteiro para ele, mas o filme nunca saiu. Eu resolvi aproveitar essa personagem do gordo, mas fazer uma coisa bem simples em um lugar só para me facilitar.

LLC: Vocês filmaram em uma semana.

Inácio: Uma semana é modo de dizer. Eram cinco dias. Cinco dias com o ator e mais um dia só para filmar a rua. Acho que foram cinco dias, eu não sei se eu levei seis dias e cinco rolos, ou cinco rolos e seis dias. De qualquer maneira, era demencial, sobretudo para quem tem como assistente de direção o Jairo Ferreira. A gente não via o copião. Começamos a filmar no dia tal e depois o laboratório tinha

---

6 Piorou bastante no final da década, chegando a passar de 82% em março de 1990. [N. E.]

um fim de semana no meio, então não trabalhava. Fomos ver o copião só lá no final, já estava tudo filmado. Não tinha nem dez pessoas na equipe. Nesse tempo era tudo o mínimo necessário. Apesar disso, foi muito divertido, foi muito surpreendente em alguns aspectos. Sabe, eu não tinha nem cadeira de rodas para fazer algum *travelling*. Então usei muito panorâmicas e movimento dos atores. Mas, quando não tinha jeito, improvisávamos. Tivemos que fazer dois *travellings* usando um tapete. O Zezinho, o maquinista, puxava o tapete, e o Concórdio, que era o fotógrafo, ia em cima. Quer dizer, se o Zezinho puxasse sem força, não saía do lugar, se puxasse com muita força ia dar um baita tranco na imagem. Mas eles eram muito bons. Os técnicos daquele tempo eram ótimos. Também foi muito bom trabalhar com o Cláudio Mamberti, foi ótimo. Ele me segurou a Isa Kopelman, a minha atriz de confiança. Era minha amiga. E tinha sido minha assistente de montagem. Era ótima atriz, mas atriz de teatro, era bem teatral, não servia no cinema. A outra atriz eu peguei ali no bico do corvo. A Sandra [Graffi], que era noiva do filho do Galante, o Roberto. E o Galante detestava a mulher. Para resumir, só filmei com ela porque não tinha outra. E também não era o que eu queria. Eu queria um tipo brasileiro, bem morena. Ela era o contrário, era uma modelo alta. Bonita ela era, sem dúvida, mas o tipo... era bem europeia. Só que era esforçadíssima, maravilhosa. Revendo, você sente o quanto ela melhora ao longo do filme. O que você pedisse, ela lutava enormemente para fazer. E o outro ator, Armando Tiraboschi, foi o Alfredinho [Sternheim] que me indicou, e foi tudo no escuro. Podiam ser bons ou ser maus e foram todos bons, salvo a Isa que é muito problemática. Em grande parte foi o Cláudio Mamberti que segurou ela aqueles dias. Todo mundo sabia aquela história do filme. Tinha uma menina bonita e outra que não era, uma que era sensual, e outra que não era. E, quando chega no fim, a Isa começa: "Ah, não gostei disso". Ela queria ser sensual também. Ah, vai tomar banho. Sei que eu tive de filmar uma cena dela no banho, mostrando o corpo, só para parar de encher o saco. Aquela cena não estava programada. Depois, quando eu fiz minha versão pessoal, arranquei fora. Foi um filme em que eu tive muita sorte.

LLC: E aquela locação?

Inácio: Nós estávamos falando de locação, porque o Galante disse: "Filma em um apart-hotel". Porque tinha de filmar a cena de abertura com dois andares de apartamento. Você conseguir um apartamento emprestado já é difícil, o que dirá dois, no mesmo prédio, um em cima do outro. O Galante: "Você não vai conseguir nunca, filma em um apart-hotel". Eu falei: "Em apart-hotel eu não vou filmar. Você arruma outro para fazer. Sinto muito, isso eu não vou fazer". Eu estava procurando com o diretor de produção, que era até um parente do Cláudio Cunha. De repente ele diz: "Inácio, e se a gente filmar em um puteiro?". Refeito do susto, eu disse: "Vamos ver, não é?". Era ótimo o lugar. Era ótimo porque era espaçoso e já tinha... imagina... No apartamento tinha aqueles papéis de parede, e então parecia que você estava fazendo um filme francês. Então, eu tive meio caminho andado do ponto de vista da decoração, não tinha que me preocupar tanto, que nem os patinhos lá do filme do Jean Garrett. Era ruim porque a gente tinha o horário, o bordel estava em funcionamento. Note bem: a gente tinha que chegar às sete da manhã e sair às cinco da tarde, não tinha conversa. Cinco da tarde o negócio entrava em atividade. Então era uma loucura: você tinha de transformar cada cômodo em um quarto de duas moças de classe média. Tira todos os bichinhos, quadro de Jesus Cristo, o que você possa imaginar tinha que cair fora. Obviamente a sala era o mais complicado, porque tinha que desmontar cama redonda e eu não sabia que era tão difícil. E a gente tinha um maquinista e um eletricista. E deu, acabou dando pra fazer tudo... Teve uma cena de externa que a gente fez no último dia, já com a luz caindo. Teve que botar refletor, não para corrigir, corrigir não dava, mas para conseguir luz para filmar, aquela cena delas na porta do prédio... Parecia uma gincana. Não tinha tempo pra nada. Quando a gente filmou o escritório em que a Sandra trabalhava, havia uma atriz para dar as réplicas para ela, só que ela não veio. Então foi uma figurante mesmo. Ficou um pouco esquisito, mas não tinha outro jeito. Tinha de entregar o filme do jeito que fosse. Logo depois desse filme, veio um momento em que já estava entrando o filme porno-gráfico, aquele filme que fez um sucesso imenso...

LLC: *Coisas eróticas...*

Inácio: Isso, eu acho que entra quase junto. Começou a ficar uma coisa estranha aquilo lá.

SA: E o projeto do *Casa de meninas*?

Inácio: O *Casa de meninas* foi depois que rodei o meu episódio. Escrevi como roteiro. Mas na seara do cinema já estava tudo des-montando, desbarrancando. Mas vamos lá, não é? Eu pensava: "Bom, se eu faço um filme em 1984 sobre isso, são..." Olha, 1968, 1986, a maioridade de 1968, então a história reunia aquelas garo-tas de 1968 e as garotas de 1986, era um confronto assim. Naquele tempo se valorizavam muito mais pessoas de 1968, o que eu achava errado, então a história girava um pouco em torno disso. Mas eu não consegui filmar, e quando chega em 1986, eu falo: "Disso aqui não vai sair filme tão fácil, é melhor adaptar como romance, senão eu perco essa história", e aí virou um romance.

LLC: E que foi premiado, não é?

Inácio: Foi. Ganhou um prêmio de revelação da APCA e tal. Mas, enfim, foi isso. O romance saiu em 1987 e por aí ficou. Depois ainda houve uma tentativa de produzir o filme, em 1989, foi na Casa de Imagens, que foi uma aventura fantástica e maluca, idealizada obviamente pelo Carlão, que, de novo, na verdade, estava voltando à ideia do Roger Corman, só que agora num outro sistema. Era assim, a ideia era fazer seis filmes, em sequência, por preço barato. Em cada filme atuaria uma dupla, alguém dirigiria e alguém seria produtor-executivo do filme. Era diferente do que algumas pessoas acharam, que era uma cooperativa... não era uma cooperativa. Cada filme ia custar trezentos mil dólares.

LLC: E algum dos filmes saiu?

Inácio: Saíram dois, mas saíram depois. Saiu o filme do André Luiz e do Guilherme Almeida Prado.

SA: O do André Luiz é *O ladrão de cinema*?

Inácio: Não, o do André Luiz... pode ter virado *O ladrão de cinema*, eu não sei, porque o projeto se chamava *A alma que tirou o corpo fora*. Era muito legal. Era um musical. Nenhum dos outros saiu.

Sheila: O do Guilherme o que era?

SA: É *Perfume de gardênia* [1992]?

Inácio: O *Perfume de gardênia* é o melhor filme dele, é bom. É um filme que tem vida.

SA: Mas é bem dessa época. Bem desse fracasso todo.

Inácio: É. Exato.

SA: Época terrível.

Inácio: Terrível, terrível. Mas aí... eu acho que ele e o André Luiz ganharam um concurso no começo da retomada.

SA: Finalização?

Inácio: Não, não. Davam uma grana lá para praticamente recomeçar as coisas. E eu mandei o meu, mas não ganhou. Até o Luiz Carlos Merten vive falando: "Ah, eu defendi muito o teu roteiro lá, mas você não pensa que ia ganhar, crítico não ganha, as pessoas odeiam".

LLC: Sim, nessa época você já era crítico.

SA: Sei bem como é.

Inácio: É, nesse tempo eu já era um crítico. Então é complicado. Crítico, quando você gosta do filme, todo mundo te ama, quando você não gosta, as pessoas às vezes criam ódio eterno. Então, bem, quando a produção de cinema começa a escassear, a *Folha* me liga, diz: "Você quer trabalhar aqui?". Eu falo: "Vamos lá."

SA: Isso em 1983...

Inácio: Sim. Aí eu vou ao Ministério do Trabalho, porque nesse tempo a *Folha* ainda queria que você fosse jornalista, exigia carteira. Eu não tinha. Eu vou ao Ministério do Trabalho, pensei que não tivesse mais nada lá, estava tudo lá, o meu processo de jornalista. Porque houve um momento em que a profissão foi regulamentada. Quando eu estava no *Jornal da Tarde* começou o processo. Como larguei o jornalismo, larguei o negócio lá: nunca fui buscar o registro. Aí eu volto quase 15 anos depois e estava tudo lá, bonitinho. Aí voltei para a *Folha* e dali a pouco virei crítico, mas só para fazer filmes na TV e crítica de TV; foi bem interessante também. Eu via novelas, pergunta para a Sheila, via tudo quanto era novela, uma encheção de saco.

LLC: Antes disso, tu tinhas um interesse por televisão ou também foi igual ao cinema, veio depois...

Inácio: Não, pela televisão eu nunca tive interesse. Na verdade, o que me trouxe o interesse pela televisão foi o meu cunhado, marido da minha irmã. É um cara fantástico, absolutamente genial, Rodolfo Azzi. Ele era um psicólogo bem importante, foi professor em Brasília, foi cassado. Ele era o único brasileiro citado pelo [Burrhus Frederic] Skinner, essas coisas. Mas, nessa altura dos acontecimentos, ele não acreditava mais em Skinner, não acreditava mais em nada. Como ele dizia, "eu agora acredito em Deus". Eu lembro que tinha um programa que era um xodó na época, que era aquele Ferreira Netto, tinha uns políticos, era o tempo da abertura política. O Rodolfo chega para mim e diz: "O programa é muito ruim". Eu falei: "Como o programa é muito ruim? O programa leva os políticos, tem debates". Mas era um programa noturno, começava lá pelas 11 da noite. "Programa a essa hora tem que ajudar as pessoas a dormir". Programa bom é daquele outro cara que tem até hoje, o Amaury Júnior. Você fica vendo, você dorme. Na TV dele, dele e da minha irmã na época, ele colou um papel com o nome: Sheherazade. Porque é uma fonte de histórias sem fim, não?

Sheila: Lembra que ele [Ferreira Netto] saturava a cor?

Inácio: Ele saturava a cor. Ele que me ensinou que mudar de um canal para outro é como mudar de um mundo para outro. O *zapping*, que depois eu passei a fazer muito. Quando eu fazia coluna de cinema, eu passava por todos os filmes, *zap zap zap*, cinco minutos de cada filme. Ia às vezes colando, que nem o... [Harun Farocki, cineasta alemão]. Acho que eu fui um predecessor do cara, predecessor virtual. Porque daí você ia articulando coisas desses mundos diferentes.

LLC: Como o Coutinho depois[7].

Inácio: Ah, como o Coutinho. Foi muito interessante, muito por isso. Tinha que ver novela, tinha que ver programa obrigatório de propaganda política. Escrevia todos os dias. E o programa ia das 20h às 20h30, eu tinha que entregar o texto às oito e quarenta e cinco. Pensa um pouco: o que falou fulano, beltrano, aquele outro. Uma loucura. Daí tinha o aniversário de 18 anos da TV Bandeirantes e íamos dar uma página, a Bandeirantes era amiga da *Folha*. Não sabia dessas coisas. Nem tinha que saber, minha obrigação era fazer a

7 *Um dia na vida*, Eduardo Coutinho, 2010. [N. E.]

coisa. A repórter tinha feito uma matéria condizente com o título que eu acabei dando, que era "Bandeirantes, 18 anos ainda criança" ou "ainda infantil", uma coisa assim. Os caras ficaram putos da vida. O Johnny Saad[8] veio telefonar, aquelas coisas.

LLC: E entre o jornal e o *blog*, como é que fica o *blog* em relação à escrita, tem diferença?

Inácio: Eu acho que o *blog* é mais ou menos o que era a *Folha* no meu início, era conversar com os amigos. Depois a *Folha* criou uma série de formalidades que você precisava cumprir. Tinha uma época em que, se você estava entrevistando alguém, tinha que perguntar a idade, era uma saia justa, era uma deselegância e, quando não dizia, tinha um momento assim: "Fulano de tal, que não quis revelar a idade".

LLC: Porque, no *blog*, às vezes tu tens um estilo meio crônica também, né? Assim, a maneira como tu vais juntando os assuntos e tal.

Inácio: É, o *blog* também tem isso, quer dizer, como ele é uma coisa que não tem compromisso com o jornalismo, posso escrever pouco ou muito, tanto faz, você vai correndo, você passa de um assunto a outro, de uma coisa... "Ah, lembrei...", que nem a nossa conversa, lembrando uma série de coisas que às vezes não vêm ao caso, mas que trazem outras que vêm ao caso. Então acho que é um pouco isso.

SA: Na *Folha*, você também chega a adotar um viés crônico às vezes. Eu me lembro de um texto sobre o Bruno Barreto em que você escreveu: "Muita gente não gosta do Bruno Barreto, eu gosto"...

Inácio: Eu falei isso?

---

8 João Carlos Saad, presidente do Grupo Bandeirantes. [N. E.]

SA: Falou. Eu lembro bem.

Inácio: Mas qual era o motivo de eu gostar do Bruno Barreto? Porque...

SA: Não, era um filme... eu não lembro se era *O casamento de Romeu e Julieta* [2005]...

Sheila: *Bossa Nova* [2000]?

SA: *Bossa Nova*.

Inácio: Eu gostei do *Bossa Nova*. É verdade. Eu gostei... Eu acho assim... por exemplo, quando você cria uma coisa contra o Bruno Barreto, não acho legal. Eu gosto de *O casamento de Romeu e Julieta*, acho uma crônica muito interessante, como o Mazzaropi fez n'*O corinthiano*, só que ao contrário, nesse caso. E o Bruno às vezes faz um filme bom, depois...

SA: Depois faz *Crô* [2013]. Teve caso de pedirem sua cabeça por algum filme que você criticou?

Inácio: Teve, na verdade teve. Mas era... Olha, a *Folha* nunca deu trela para isso, pelo contrário... É um prestígio que você tem. Enfim, eu assisti a um filme com um diretor do Rio de Janeiro em cabine na Embrafilme. Um inferno, uma cabine às 10 da noite, lá na rua Vitória. Chego, o cara está lá. "Oi, Inácio, como vai você? Que bom que é você, você é o cara que eu mais gosto, o melhor". Falei: "Ótimo, que bom". E pensei: "Bom, quando eu sair, o cara não estará mais lá, meia-noite". Saí, não gostei nada do filme. Ele estava lá. "E aí, o que você achou?" Eu tive de dizer "não gostei". Bom, no dia seguinte, eu chego lá e vejo o diretor falando com a editora. Fiquei escondido. Um tempo depois eu volto, era a Marion, o cara não estava mais lá. "E aí, Marion, o que ele queria?" Ela falou: "O que você acha? Manda bala". Aí eu tive que acabar com o filme sem cerimônias, porque, se eu fizesse cerimônias, era eu que ia ser malvisto lá. Na *Folha* era meio assim, então nunca tive problema.

SA: Inácio, eu me lembro também de um episódio polêmico sobre um filme americano, o *Debi & Loide*... Lembro que tinha um quadro de cotações na revista *Set* e você dava nota nove para esse filme. Aquilo causou comoção: "Ah, um crítico como Inácio gostando de um filme como *Debi & Loide*". Não sei se você se lembra disso...

Inácio: Acho que o Ruy [Gardnier] gostou também.

SA: Eu também gosto. Acho que todo mundo da geração da [revista] *Contracampo* gosta do *Debi & Loide*.

Inácio: Até hoje eu dou um trechinho do *Debi & Loide* em aula porque acho uma boa comédia. Acho que, se há uma coisa importante na crítica, é você romper com preconceito. "Ah, isso tem cara de chanchada, se chama *Debi & Loide*, tem que ser ruim." Não, não era ruim. Muito pelo contrário. Era uma comédia bem original, bem interessante, cheia de achados visuais.

LLC: E os outros filmes dos irmãos Farrelly te interessam do mesmo jeito?

Inácio: Não, eles têm alguns, mas a curva é descendente, porque comédia é difícil, é difícil manter, tem mais uns dois filmes bons.

SA: Mas isso é um pouco da escola *Cahiers du Cinéma*, não é, Inácio? De não ter preconceito, de chegar lá e poder... Tipo o Hitchcock e o Hawks nos anos 1950, eles tinham que se explicar, tinha que ter texto do Bazin explicando como ser hitchcock e hawksiano ali, porque era tido como absurdo, era diversão menor.

Inácio: É. Exatamente. O Carlão dizia: ver com os olhos livres. Tenho impressão de que a nossa função é um pouco essa, é às vezes romper quando você está diante de uma situação dessa.

LLC: E, pensando de novo no Carlão, fala pra gente sobre a sua participação em frente às câmeras em *Alma corsária* (Carlos Reichenbach, 1993).

Inácio: No *Alma corsária*, o que aconteceu foi o seguinte: o Carlão estava desanimado com o cinema e falou: "Bom, já que ninguém vê os filmes, eu vou fazer um filme sobre amizade para os meus amigos e com os meus amigos". Então todo mundo entrou lá; estou eu, o Jairo, claro, o Calegaro, o Percival, enfim, vários... Então todos os amigos fizeram uma pontinha lá, uma apariçãozinha, e eu fiz aquela que era o "cinema é [Jean] Vigo, a poesia, [Henri] Michaux, o cinema e a poesia é [Jean] Cocteau". Foi ele que inventou isso. Eu só repeti. Acho que só enfatizei o gesto no Michaux, como se dissesse também "mixou".

LLC: E teve alguma outra participação em filmes de ficção?

Inácio: Eu fiz um primeiro curta do André Sturm. Era *Arrepio*, um filme que não ia a parte alguma, enfim, mas eu fazia um detetive, aí era tão besta, eu falei: "Não, vou abrir um guarda-chuva aqui". Foi divertido só nesse aspecto de eu me dirigir, já que em princípio ele não me dirigia, acho que ficava meio sem intimidade, era o primeiro filme dele. Então eu falei: "Bom, deixa que eu dirijo a mim mesmo, pelo menos".

OS DEZ FILMES PREFERIDOS DE INÁCIO ARAUJO

Em 1995, na comemoração dos 100 anos de cinema, a *Folha de S.Paulo* pediu a algumas personalidades cinematográficas da época uma lista com os dez melhores filmes, visando a um panorama geral do centenário dessa arte tão amada.

Eis os escolhidos de Inácio Araujo:

1. *Onde começa o inferno* (*Rio Bravo*, 1959), de Howard Hawks
2. *A palavra* (*Ordet*, 1955), de Carl Theodor Dreyer
3. *Era uma vez em Tóquio* (*Tokyo Monogatari*, 1953), de Yasujiro Ozu
4. *Dr. Mabuse, o jogador* (*Dr. Mabuse, der Spieler*, 1922), de Fritz Lang
5. *O beijo amargo* (*The Naked Kiss*, 1964), de Samuel Fuller
6. *Alphaville* (1965), de Jean-Luc Godard
7. *A marca da maldade* (*Touch of Evil*, 1958), de Orson Welles
8. *Um corpo que cai* (*Vertigo*, 1958), de Alfred Hitchcock
9. *O batedor de carteiras* (*Pickpocket*, 1959), de Robert Bresson
10. *Tabu* (1931), de F. W. Murnau

Na finalização deste livro, mandamos essa lista para o Inácio, perguntando se hoje ele mudaria algo. As três mudanças mencionadas na resposta indicavam apenas trocas de filmes entre os diretores escolhidos (Lang, Fuller e Godard), e não pedia alteração de nenhuma posição. A lista, hoje, fica assim:

1. *Onde começa o inferno* (*Rio Bravo*, 1959), de Howard Hawks
2. *A palavra* (*Ordet*, 1955), de Carl Theodor Dreyer
3. *Era uma vez em Tóquio* (*Tokyo Monogatari*, 1953), de Yasujiro Ozu

4. *O testamento do dr. Mabuse* (*Das Testament des Dr. Mabuse*, 1933), de Fritz Lang

5. *Agonia e glória* (*The Big Red One*, 1980), de Samuel Fuller

6. *O demônio das onze horas* (*Pierrot le Fou*, 1965), de Jean-Luc Godard

7. *A marca da maldade* (*Touch of Evil*, 1958), de Orson Welles

8. *Um corpo que cai* (*Vertigo*, 1958), de Alfred Hitchcock

9. *O batedor de carteiras* (*Pickpocket*, 1959), de Robert Bresson

10. *Tabu* (1931), de F. W. Murnau

Dez filmes brasileiros do período 1992-2012

Em dezembro de 2012, a *Revista Interlúdio* convidou 51 críticos e pesquisadores para eleger os melhores filmes brasileiros desde a retomada. Eis a lista de Inácio Araujo:

1. *O viajante* (1998), de Paulo César Saraceni

2. *Serras da desordem* (2006), de Andrea Tonacci

3. *O signo do caos* (2003), de Rogério Sganzerla

4. *Alma corsária* (1993), de Carlos Reichenbach

5. *Santo forte* (1999), de Eduardo Coutinho

6. *Cleópatra* (2007), de Júlio Bressane

7. *Cidadão Boilesen* (2009), de Chaim Litewski

8. *O príncipe* (2002), de Ugo Giorgetti

9. *É proibido fumar* (2009), de Anna Muylaert

10. *Baile perfumado* (1997), de Paulo Caldas e Lírio Ferreira

2

TRAJETÓRIA NO CINEMA BRASILEIRO: CINEASTA E CRÍTICO

INÁCIO E O CINEMA BRASILEIRO: MONTADOR, ROTEIRISTA, DIRETOR

LICIANE MAMEDE

Em meados dos anos 1960, quando ainda era aluno do Rio Branco, tradicional colégio de classe média paulistano, Inácio Araujo começou a se engajar na poesia. Havia então em São Paulo uma interessante cena literária, da qual tinham emergido os jovens poetas marginais paulistas. A iniciação de Inácio nesse universo se dá principalmente pela frequência dos saraus organizados por um grupo oriundo de sua própria escola. Graças às conexões que faz ali, ainda adolescente, chega a travar contato com os poetas Claudio Willer e Roberto Piva. A essa altura, o jovem estudante não poderia desconfiar que seria justamente a poesia sua porta de entrada para o mundo do cinema.

Na época, a efervescência cultural de São Paulo se concentrava no centro da cidade, entre a avenida São Luís e a rua Sete de Abril (onde ficavam o Museu de Arte Moderna e a Cinemateca Brasileira). Foi ao levar seus poemas para serem mimeografados numa copiadora da região, localizada atrás da Catedral da Sé, que o jovem Inácio acabou encontrando o sujeito que inscreveria o ponto de virada em sua vida. O ano era 1967, e ele já cursava ciências sociais na Faculdade de Filosofia da USP – no tempo em que esta ainda ocupava o prédio da rua Maria Antônia, não muito distante da região acima referida. Ambos os jovens esperavam o atendimento junto ao balcão da copiadora, quando Inácio comenta que escreve poemas. O sujeito, então, se propõe a apresentá-lo a seu tio, dono de um pequeno jornal localizado na Galeria Metrópole, na São Luís.

Como não teria aulas antes do cair da noite e nada a perder, Inácio aceita o convite.

Uma vez que o tio não se encontrava no escritório, o sujeito acaba levando o jovem estudante até o *Jornal da Tarde*, onde também tinha conhecidos. Ao cruzar com um deles, puxa as cópias dos poemas de debaixo do braço do novato e as entrega ao camarada. Nesse mesmo dia e nesse mesmo local, Inácio Araujo consegue seu primeiro emprego, dando início a sua trajetória profissional. Ironicamente, o hoje crítico cinematográfico não se lembra do nome do sujeito a quem deve seu primeiro trabalho como copidesque no *Jornal da Tarde*, tampouco se recorda de tê-lo visto novamente. Fato é que, uma vez ali, o jovem tem seus primeiros contatos com figuras que já estavam de alguma forma engajadas com o cinema: Alfredo Sternheim[9] (de quem acabou ficando relativamente próximo), Antônio Lima[10] e Rubens Ewald Filho, seu chefe direto, por intermédio do qual conheceria, pouco tempo mais tarde, Ozualdo Candeias.

No momento em que a *nouvelle vague* e o cinema novo reverberavam pelo mundo, Inácio, influenciado pelas novas amizades, passa a frequentar as salas do bairro da Liberdade, especializadas em filmes japoneses. Seu interesse por essa linguagem começa então a se acirrar. Na ocasião do lançamento do segundo longa-metragem de Ozualdo Candeias, *Meu nome é Tonho* (1969), Inácio – que havia visto e apreciado *A margem* (1967) – vai com Ewald Filho à Boca do Lixo para entrevistá-lo. Uma vez lá, encontram o cineasta em um dos bares da hoje mítica região. Em algum ponto da conversa, Candeias revela que estaria iniciando dali a pouco as filmagens de seu novo filme, *A herança* (1970), e convida Inácio para

---

9 A essa altura, Sternheim já havia trabalhado como continuísta de Walter Hugo Khouri em *A ilha* (1962) e em *Noite vazia* (1964). Seu primeiro documentário em curta-metragem, *Noturno*, é de 1967. Seu primeiro longa, *Paixão na praia*, uma produção da Servicine (empresa de A. P. Galante e Alfredo Palácios), seria realizado em 1971 (cf. Nuno Cesar Abreu, *Boca do Lixo: cinema e classes populares*, 2. ed., São Paulo: Editora da Unicamp, 2015, p. 48).

10 Nesse momento, Antônio Lima atuava sobretudo como crítico de cinema, mas, em 1968, ele dirigiria seu primeiro filme, um dos episódios de *As libertinas* (que também tinha episódios realizados por Carlos Reichenbach e João Callegaro).

acompanhar os trabalhos, que decide então tirar férias do jornal e partir com a equipe para sua primeira experiência em um *set* de filmagem.

Em *A herança*, Inácio exerceu oficialmente a função de assistente de direção. Porém, conforme ele mesmo relata, tudo que fez nessa produção foi bater claquete, uma vez que Candeias concentrava nas próprias mãos (e na própria mente) todo o trabalho – de fato, aqui, o realizador assina, além da direção, a fotografia e a câmera. Para completar, segundo conta Araujo, não havia um roteiro: "Você mal entendia o processo. Como estava tudo na cabeça dele [de Candeias], a gente mal sabia o que ele estava filmando. Só depois, quando víamos o copião, é que tínhamos uma ideia"[11].

Em vez de passar apenas os trinta dias de suas férias nas filmagens de *A herança*, Inácio acaba ficando ali por mais de quarenta dias, sem mesmo se dar conta. Quando retorna à redação do jornal, sua situação, obviamente, não se encontrava boa. Nesse momento, tem o estalo que mudaria mais uma vez o rumo de sua vida: decide deixar o trabalho no jornal e tentar a vida no cinema. A essa altura, ele já tinha contato com outros jovens interessados não apenas em ver filmes, mas também em realizá-los. Sua via de acesso ao grupo que no futuro seria conhecido como cinema marginal paulista – que incluía Jairo Ferreira, João Silvério Trevisan e Carlos Reichenbach – foram os também estudantes da Faculdade de Filosofia da USP Márcio Souza e Ana Lúcia Franco. O casal realizou em 1969 o curta-metragem *Bárbaro & nosso*, filme feito de imagens de arquivo relacionadas ao poeta modernista Oswald de Andrade e que consta frequentemente na filmografia daquele dito "cinema marginal".

Montador

É justamente por Márcio Souza que Inácio Araujo, no momento em que deixa o *Jornal da Tarde*, fica sabendo que o montador Silvio

11 Inácio Araujo em entrevista concedida à autora em 10 jan. 2018.

Renoldi procurava um assistente. Renoldi havia iniciado sua carreira em 1957, nos estúdios da produtora Maristela, onde passou por diversas funções. Seu primeiro trabalho na área da montagem cinematográfica foi como assistente no filme *Cara de fogo* (Galileu Garcia, 1958). Também foi montador assistente de *O grande momento* (Roberto Santos, 1958). Depois disso, acabou se profissionalizando na edição de filmes publicitários e institucionais, trabalhando na Lince e, em seguida, na Lynx Filmes. É a partir de meados dos anos 1960 que ele passa a assinar a montagem de filmes que viriam a se tornar clássicos do cinema brasileiro: *Viramundo* (Geraldo Sarno, 1964-5); *A hora e a vez de Augusto Matraga* (1965), pelo qual recebe o prêmio de melhor montador no Festival de Brasília; o terceiro episódio de *As cariocas* (Roberto Santos, 1966); *O Bandido da Luz Vermelha* (Rogério Sganzerla, 1968), filme consagrado no Festival de Brasília; e *O profeta da fome* (Maurice Capovilla, 1969).

De 1970 a 1972, Inácio Araujo trabalha como assistente de Silvio Renoldi. Nesse período, a Boca encontrava-se num momento de transição. Aquilo que, como dissemos, viria a ser conhecido como o cinema marginal paulista – fenômeno ao qual Jairo Ferreira, na época, referia-se simplesmente como "cinema da Boca do Lixo" – havia entrado em franco declínio, principalmente a partir da apreensão de *Orgia, ou o homem que deu cria* (João Silvério Trevisan, 1970) pelo regime. Filmes de características mais autorais perdiam espaço devido à censura vigente, mas também porque o mercado cinematográfico brasileiro começava a se adaptar a uma nova realidade.

Em fevereiro de 1971, Jairo Ferreira anunciava em sua coluna no *São Paulo Shimbun*[12]: "A fase é de testes: diretores que pretendem fazer filmes pessoais entram na roda-viva do filme comercial, de onde vão sair bem definidos"[13]. Em março daquele ano, a respeito de

---

12 O *São Paulo Shimbun* é um jornal editado em língua japonesa na cidade de São Paulo. Fundado em 1946, foi editado regularmente até 22 de dezembro de 2018, quando deixou de ter versão impressa.
13 Jairo Ferreira *apud* Alessandro Gamo (org.), *Jairo Ferreira e convidados especiais. Críticas de invenção: os anos do São Paulo Shimbun*, São Paulo: Imprensa Oficial do Estado de São Paulo, 2006, p. 223.

Corrida em busca do amor (1972), o mesmo Jairo dizia: "Reichenbach mostra que a farsa do cinema pessoal chega ao fim"[14]. A Boca do Lixo, local outrora "neutro e libertário", nas palavras de Carlos Reichenbach, começou a querer explorar caminhos mais seguros em termos mercadológicos, tirando proveito de certos mecanismos ligados à política cinematográfica da época (reserva de mercado e premiações como o adicional de bilheteria, estabelecido pelo Instituto Nacional de Cinema). Dessa forma, a produção de cinema gestada no bairro da rua do Triunfo começa a especializar-se em gêneros mais populares (comédias eróticas, filmes de cangaço, melodramas).

Nuno Cesar Abreu aponta como marco inicial dessa guinada no final dos anos 1960 o sucesso das comédias eróticas cariocas *Os paqueras* (Reginaldo Faria, 1969) e *Memórias de um gigolô* (Jece Valadão, 1970). Devido ao sucesso comercial, esses filmes teriam, segundo ele, exercido grande influência no mercado cinematográfico, iluminando o caminho da produção da Boca do Lixo[15].

Consolida-se especialmente nesse sistema a Servicine, empresa produtora de filmes fundada em 1968 por Alfredo Palácios e Antônio Polo Galante. Silvio Renoldi, que já havia sido sócio de Galante em sua primeira incursão como produtor cinematográfico[16], irá trabalhar como seu homem de confiança na área da montagem. É nesse contexto que Inácio Araujo se insere na Boca do Lixo, iniciando seu trabalho como assistente já no final da montagem dos filmes *Corrida em busca do amor* e *Sertão em festa* (Oswaldo de Oliveira, 1970).

Também graças a Renoldi, Inácio debutou no universo da publicidade, mesmo com todo o preconceito que rondava esse tipo de trabalho no pior momento da ditadura. "Eu aprendi muito com ele, inclusive

---

14 *Ibid.*, p. 225.
15 Nuno Cesar Abreu, *Boca do Lixo: cinema e classes populares.* 2. ed. São Paulo: Editora da Unicamp, 2015, p. 43.
16 Em 1966, Galante compra o material bruto de um longa-metragem inacabado então intitulado *Erótica*. Ele e Silvio Renoldi filmam algumas cenas e finalizam o filme, lançando-o sob o nome de *Vidas nuas* (Ody Fraga, 1967).

como lidar com produtor."[17] Durante o período em que teve Araujo como assistente, Renoldi montou cerca de quinze longas-metragens, além de curtas e propagandas – Renoldi, um dos mais prolíficos montadores da Boca, chegava a trabalhar em até quatro filmes ao mesmo tempo.

O primeiro trabalho em que finalmente Inácio assume a montagem é *A selva* (1970), filme coproduzido pela Servicine, realizado sob encomenda e a contragosto por Márcio Souza. Naquele momento, Márcio desejava filmar um roteiro próprio, *Galvez, o imperador do Acre* – que, posteriormente, viraria uma obra literária. Como o projeto não deu certo, ele foi remanejado para a direção de *A selva,* que acabaria sendo seu único longa-metragem.

Outra experiência bastante interessante para o jovem montador Inácio foi no filme *As deusas* (1972), de Walter Hugo Khouri, ainda como assistente de Renoldi. Como a relação entre Silvio Renoldi e Walter Hugo Khouri não era das mais amistosas, Inácio várias vezes acabou tendo de mediá-la, assumindo parte do trabalho diretamente com o diretor:

> O Khouri era um excelente diretor, muito meticuloso. Ele queria um tempo mais largo e o Silvio não gosta disso. O Silvio ia à noite, escondido, pra cortar o filme. Talvez o Mauro Alice tivesse mais afinidade com o trabalho do Khouri. Eu acho que *As deusas*, montado pelo Silvio, vai um pouco depressa demais, poderia ser um pouco mais lento. Esses quadros que o Silvio tirava à noite... Talvez o Khouri tivesse razão. [...] Silvio era um homem da velocidade, o filme paradigmático dele é *O Bandido da Luz Vermelha*[18].

Entre Inácio Araujo e Silvio Renoldi não havia vínculo empregatício; o trabalho exercido pelo jovem era totalmente informal e, na época, sua remuneração era muito inferior à que ele costumava ganhar no *Jornal da Tarde*. Aliás, foi graças a economias da época

17 Inácio Araújo, entrevista, *cit.*
18 Inácio Araujo, entrevista, *cit.*

do *JT* que ele pôde se sustentar como montador: "O que eu ganhava como assistente pagava condução, cigarro e olhe lá. Mas eu sabia que fazia parte"[19], relembra.

Não tinham escritório fixo. A principal base era a Servicine, que ficava no número 134 da rua do Triunfo, uma vez que a maioria dos filmes em que Renoldi trabalhou nessa época foi montada na moviola da produtora. Para trabalhos de publicidade, o montador utilizava sobretudo o próprio equipamento, que ficava em sua empresa, na rua Turiassu. Às vezes montavam também na Odil Fono Brasil (localizada num velho casarão no Sumaré) e no estúdio de som que pertencia a Estanislau Szankovski, onde eram igualmente realizadas as dublagens dos filmes.

O atraso brasileiro na especialização de profissionais de finalização de som, por sua vez, tornou comum que, até o final da década de 1970, a edição de som no país ficasse sob responsabilidade dos montadores dos filmes, algo que nos Estados Unidos e na Europa já havia começado a mudar no início dos anos 1960[20]. Havia notória precariedade na área do som cinematográfico no país. Segundo Heffner e Carrasco, essa realidade começou a mudar no final dos anos 1960, com a criação dos estúdios da empresa Somil, no Rio de Janeiro[21]. Em São Paulo, porém, a situação continuaria penosa pelo menos até 1972, com a criação da Álamo, que possuía melhor estrutura.

Segundo Inácio Araujo, os estúdios da Odil Fono Brasil, por exemplo, não eram isolados; por isso, quando chovia, era preciso esperar que o barulho de fora cessasse para continuar a trabalhar na gravação das vozes. As dublagens de *Aleluia, Gretchen* (Sylvio Back, 1976), particularmente, filme montado por ele, foram

---

19 *Ibid.*
20 Fernando Moraes da Costa, *O som no cinema brasileiro: revisão de uma importância indeferida*. Tese (Doutorado em Comunicação), Rio de Janeiro: Universidade Federal Fluminense, 2006.
21 H. Heffner e N. Carrasco, em F. Pessoa Ramos e L. F. Miranda (orgs.), *Enciclopédia do cinema brasileiro*, 3. ed., São Paulo: Editora Senac, Edições Sesc-SP, 2012, p. 670.

bastante árduas, uma vez que foram realizadas num período de chuvas intensas na cidade de São Paulo. Além disso, o filme continha cenas que envolviam muitos atores, o que tornou difícil conciliar a agenda de todos.

Como o som direto começou a se tornar comum no cinema brasileiro de ficção apenas a partir da década de 1970 e, por motivos de economia, os produtores tendiam a preferir que suas produções fossem dubladas, a banda sonora da maioria dos filmes provenientes da Boca do Lixo nas décadas de 1960 e 1970 era realizada dessa forma. E mesmo as dublagens tinham de ser acompanhadas pelo montador. Segundo Araujo, era função do montador de imagens "estar lá [durante as dublagens], porque, se saía do sincronismo, a responsabilidade era dele". E até na interpretação dos atores o montador "tinha que ajudar"[22].

O segundo filme em que Inácio assina a montagem é *Os garotos virgens de Ipanema* (1973), de Oswaldo de Oliveira, com argumento do próprio Galante. O filme chegou a ficar quase um mês em cartaz no Cine Paissandu antes de ser interditado pela censura, em 25 de junho de 1973[23]. Inicialmente, o longa seria montado pelo próprio Silvio Renoldi, mas este abandona o projeto depois de uma semana. Com a aprovação de Galante, a montagem é assumida por Araujo.

Esse acabaria sendo o último filme que Inácio Araujo monta para A. P. Galante. Depois disso, o jovem é convidado por Carlos Reichenbach a integrar a equipe de seu novo projeto, a Jota Filmes.

Foi após *Corrida em busca do amor* (1972), comédia ligeira de encomenda dirigida por Reichenbach para o produtor da Boca Renato Grecchi – num momento em que, segundo o próprio diretor, o cinema paulista passava por um marasmo e todos que faziam parte dele sofriam "as consequências do desespero"[24] –, que Reichenbach resolveria entrar como sócio de uma produtora de filmes publicitários, a Jota Filmes.

22 Inácio Araujo, entrevista, *cit.*
23 "Os anos 1970", *Folha de S.Paulo, Folhetim*, 11 set. 1979, p. 15.
24 Carlos Reichenbach, "Da foice ao coice", Cinegrafia, São Carlos, n. 1, jul. 1974, p. 19.

Antes disso, Reichenbach havia passado pela experiência da Xanadu, empresa produtora da qual era proprietário em sociedade com João Callegaro e Antônio Lima e pela qual produziu os filmes em episódios *As libertinas* (1968) e *Audácia!* (1970). Segundo Araujo, com a Jota Filmes, a ideia era tentar criar uma estrutura de produção que pudesse bancar a realização de filmes rápidos, baratos e alternativos à produção de qualidade duvidosa proveniente da Boca do Lixo e liderada por empresários do cinema, tais como A. P. Galante, Oswaldo Massaini, Elias Cury Filho e Manuel Augusto Cervantes. Esses propósitos, porém, se chocariam com a própria vocação da empresa e com a intenção dos outros sócios.

Surgida em 1957, a Jota Filmes foi uma das primeiras empresas produtoras de filmes publicitários de São Paulo, quando esse tipo de propaganda ainda era novidade. Ela foi fundada pelo fotógrafo francês Jacques Deheinzelin, que posteriormente se retiraria da sociedade, e pelo montador e diretor britânico John Waterhouse[25], ambos estrangeiros que chegaram ao Brasil como técnicos contratados pela Companhia Vera Cruz, na virada dos anos 1940 para os 1950. A princípio, o que haveria motivado Reichenbach a se engajar nessa sociedade teriam sido os equipamentos cinematográficos que ela já possuía. Os equipamentos estavam defasados para os padrões publicitários da época, mas ainda plenamente utilizáveis: "O Carlão compra aquilo lá em parte porque se apaixona pela moviola, um belo equipamento, de origem italiana. Ele emprestava a moviola para todo mundo, nem cobrava o aluguel"[26].

Esse acabou sendo um período prolífico para Inácio em sua trajetória como montador. Na Jota Filmes, ele montou filmes publicitários e projetos cinematográficos que não necessariamente foram produzidos pela casa, tais como *A noite do desejo* (1973), de Fauzi Mansur. Na época desse filme, Inácio ainda tinha Jairo Ferreira como braço direito. Os créditos do longa também trazem

---

25 José Mario Ortiz Ramos, *Cinema, televisão e publicidade: cultura popular de massa no Brasil nos anos 1970-1980*, 2. ed., São Paulo: Annablume, 2005, p. 64.
26 Inácio Araujo, entrevista, *cit.*

Ana Lúcia Franco como assistente de montagem. Em seguida, quem substituiria Jairo como principal assistente seria Eder Mazzini, embora quem assine a assistência de montagem de *Lilian M* seja Luiz Nada.

A noite do desejo tem Ney Latorraca e Roberto Bolant nos papéis principais e conta a história de dois operários que, ao receberem o salário, decidem sair para aproveitar a noite paulistana. Os personagens encarnam a misoginia característica dos tipos masculinos do cinema da Boca, aos quais Mansur não empresta nenhuma sofisticação. Há, porém, algo de interessante nesse filme – e certamente foi por isso que ele acabou sendo interditado pela censura – que dá conta de mostrar uma certa dimensão do extravasamento necessário da vida operária (masculina, no caso).

Do ponto de vista do ritmo, o filme funciona bem pela agilidade e perspicácia da montagem, que consegue conferir aos planos – por vezes sofisticados na composição e, frequentemente, construídos com movimentos de câmera e lentes um tanto frenéticos – uma instrumentalidade narrativa. Inácio considera esse o seu melhor trabalho como montador, embora se refira ao processo de montagem como um tanto "doloroso":

> Eu virei aquele filme do avesso. [...] O Fauzi tinha feito um bom filme, mas ele perdia muito o tempo das cenas. Tinha cenas muito longas que eu picotava, acabei fazendo muita paralela, achei que estava sendo revolucionário. Depois fui ver que o Fritz Lang já fazia isso. Mas ele fazia isso por dez minutos, eu tive que fazer no filme inteiro. Depois o filme foi censurado. Quando foi finalmente lançado e fui assistir, vi que ele [Fauzi] tinha colocado seu nome junto com o meu como montador, isso não foi correto[27].

Foi mais ou menos na mesma época, e ainda no contexto da Jota Filmes, que Reichenbach realizou *Lilian M: confissões amorosas (relatório confidencial)* (1975), um dos principais trabalhos de Araujo

---

27 Inácio Araujo, entrevista, *cit.*

como montador. Reichenbach afirmaria mais: "Eu fiz *Lilian M* com equipamento antigo, com o som todo feito dentro de um estúdio que o pessoal da publicidade não gostava"[28]. Segundo relatou, o longa foi produzido com a "raspa do tacho" de sua herança paterna e algumas sobras de negativos da Jota Filmes: "Fui o produtor único, roteirista, diretor, operador de câmera, diretor de fotografia, autor da trilha sonora etc. Como sempre fiz em todos os meus filmes, só não abri mão do montador"[29].

Lilian M é um filme em que se faz sentir o estilo autoral de Reichenbach. Ele incorpora procedimentos desviantes em relação à linguagem cinematográfica clássica, inclusive na montagem, rompendo com a transparência narrativa e aproximando o filme, em termos de estilo, à tendência "marginal" em voga na Boca do Lixo, principalmente até 1970. Não à toa, esse longa é frequentemente citado como um filme "marginal", embora seja um tanto tardio em relação a outras obras que compõem a filmografia marginal paulista.

Apesar de possuir uma linha narrativa clara imposta pela diegese, a montagem encontra momentos de liberdade nos *raccords* e chega a impor a algumas sequências um ritmo pouco óbvio, ajudando a conferir ao filme seu caráter experimental. Segundo Inácio Araujo, o trabalho de montagem do longa acabou sendo demorado – quase seis meses – e teve como o maior desafio a edição da banda de som, complexa porque associava diversos elementos, incluindo uma rica trilha musical.

Em 1975, Reichenbach romperia seus vínculos com a Jota Filmes. Em entrevista concedida alguns anos mais tarde[30], ele se referiria a essa curta experiência como a mais árdua de sua vida, pela conflituosa convivência com os profissionais da publicidade. Mas, antes que isso acontecesse, na mesma época, Inácio montaria ainda os longas *O dia em que o santo pecou* (Cláudio Cunha,

---

28 Reichenbach *apud* Ortiz Ramos, *op. cit.*, p. 33.
29 Cf. https://tiny.one/inacio3. Acesso em: 12 fev. 2023.
30 Ibid.

1975), *O Jeca macumbeiro* (Pio Zamuner e Amácio Mazzaropi, 1974) e *Aleluia, Gretchen* (Sylvio Back, 1976).

O filme de Sylvio Back foi o último em que Inácio trabalhou antes de partir para uma temporada de quase quatro anos na França. Segundo relata, foi seu mais difícil projeto como montador. "Ninguém acredita, porque trata-se de um filme com muito plano-sequência, [...] mas foi difícil encontrar o tempo. [...] Uma montagem que durou uns quatro, cinco, seis meses, no total"[31].

Araujo não chegou a montar o trailer de *Aleluia, Gretchen* por causa de sua partida. Quem o fez foi seu assistente na época, Eder Mazzini. Ele veria o filme projetado apenas no Festival de Berlim em 1977, ocasião em que se deslocou da França até a Alemanha com esse propósito.

Após a temporada parisiense, determinante para sua formação cinéfila, o jovem técnico retorna ao Brasil no final de 1979, decidido a não retomar a carreira de montador de filmes. Conforme afirmou recentemente, ele não encarava sua incursão no cinema, que teve a edição como porta de entrada, senão como uma preparação para a direção cinematográfica. A partir daí, era nisso que ele desejava investir.

Roteirista

O momento do retorno coincidiu com um período áureo para o cinema nacional: 1978 fora o ano em que a fatia de mercado ocupada pelos filmes brasileiros no país batera recorde. Havia uma grande expectativa em torno de nossa produção cinematográfica. No entanto, a qualidade dos filmes não necessariamente agradou o futuro crítico. Segundo ele relata, um dos únicos filmes a chamar sua atenção foi *Snuff, vítimas do prazer* (1977), realizado por Cláudio Cunha e coescrito por este e por Carlos Reichenbach. Inácio relatou a Nuno César Abreu: "Vi o filme *Snuff, vítimas do prazer* e achei

---

31 Inácio Araujo, entrevista, *cit.*

excelente, com uma força... Nesse momento, eu não queria mais ser montador, achei que já tinha feito o que podia fazer em montagem, então resolvi escrever um roteiro para o Cláudio Cunha"[32].

Com uma ideia em mente para um longa, Cláudio Cunha convida Araujo para escrever um roteiro. Ele desejava filmar um melodrama sobre um casal que estava em vias de se separar. Depois de um primeiro tratamento dado por Inácio, Jean Garrett entra no projeto para dar um novo tratamento à peça com o jovem e deixá-la mais ao gosto de Cunha.

O hoje crítico afirma que aquele foi um de seus roteiros que mais lhe agradaram. Graças a ele, aliás, levaria o troféu de melhor roteiro da Associação Paulista dos Críticos de Arte daquele ano. No entanto, o resultado cinematográfico final, para Inácio, seria nada menos que decepcionante. "Fui ser assistente de direção [de *O gosto do pecado*], o que foi um erro cavalar. Eu via o Cláudio destruir aquilo dia a dia, *take* após *take*. Foi uma tristeza."[33] Complementa: "O Cláudio tinha essa pegada para coisa de porrada, para filme policial, ele era bom nisso. [*O gosto do pecado*] era um filme mais delicado"[34].

De fato, o tratamento dado por Cunha ao personagem principal do filme, interpretado por Jardel Mello, não encontra a mesma sutileza de outros personagens masculinos que Araujo criou para o cinema. Seus protagonistas têm em comum uma densidade psicológica e uma sensibilidade que os colocam em desacordo com o mundo, são personagens em dissonância; como manda a tradição da Boca, eles ostentam uma masculinidade exacerbada e truculenta, mas ao mesmo tempo têm certa fragilidade emocional.

O tom desses personagens seria mais bem compreendido e alcançado por dois outros cineastas com quem Inácio trabalhou como roteirista: Jean Garrett e Carlos Reichenbach. O trabalho em parceria com Jean Garrett renderia dois frutos: os

---

32 Inácio Araujo *apud* Nuno Cesar Abreu, *op. cit.*, p. 91.
33 Inácio Araujo, entrevista, *cit.*
34 Araujo *apud* Nuno Cesar Abreu, *op. cit.*, p. 91.

longas-metragens *O fotógrafo* (1980) e *Tchau amor* (1982). No caso deste último, ele atua também como montador. Àquela altura, Garrett já tinha, na região da rua do Triunfo, a reputação de "cineasta atento, estetizante e hábil para desenvolver narrativas"[35]. Era conhecido por ser um realizador de bom gosto, que fazia questão de se cercar dos melhores profissionais atuantes na Boca naquele momento (Reichenbach foi com frequência fotógrafo de seus filmes; Eder Mazzini, seu montador; Trevisan e Araujo, seus roteiristas) e sua experiência como fotógrafo *still* e em fotonovelas lhe conferia grande domínio e segurança sobre a decupagem de suas obras. Segundo Araujo: "O Jean, ao contrário do Cláudio Cunha, é muito fiel ao pensamento do roteirista. Eu trabalho com um tom meio baixo, mais sutil. Ele tinha um tom mais alto que o meu, mas nem por isso deixava de respeitar o que estava no texto"[36].

Ainda assim, Araujo referiu-se a esses trabalhos como de resultado final mediano[37]. As limitações de produção da Boca certamente contribuíam para que não se pudesse ir mais longe. Particularmente em relação a *Tchau amor,* Araujo enfatiza o quanto o cenário acabou dando outro perfil à protagonista vivida por Angelina Muniz. Refinada e "rica de berço", após haver recebido tratamento *à la* Boca, a personagem acabou virando, segundo as palavras de Inácio, muito mais "uma mulher cafona"[38].

Esses já eram filmes de Garrett marcados por aquilo a que Abreu se referiu como "tendência ao erótico pornográfico" que se instalaria na Boca, principalmente a partir dos anos 1980. Conforme ele destaca, mesmo os produtos com melhor embalagem "nunca pretenderam outra coisa senão inserir-se no mercado"[39]. Dessa forma, por mais que houvesse em Garret uma propensão a dar a seus filmes um tratamento mais elevado do ponto de vista estético – por meio inclusive da introdução de signos que faziam

35 Nuno Cesar Abreu, *op. cit.*, p. 107.
36 Inácio Araujo, entrevista, *cit.*
37 Araujo *apud* Nuno Cesar Abreu, *op. cit.*, p. 113.
38 Inácio Araujo, entrevista, *cit.*
39 Nuno Cesar Abreu, *op. cit.*, p. 111.

referência a elementos culturalmente bem-aceitos (música clássica, filosofia, poesia, cinema autoral) –, diante das circunstâncias de produção, invariavelmente impressas nos filmes, tudo soava ligeiramente artificial e descontextualizado.

Nesse sentido, *O fotógrafo* destaca-se por ser um filme em que reconhecemos algumas marcas de estilo do diretor, além de elementos autobiográficos, o que sugere certa preocupação autoral. Abreu refere-se a esse filme como um "ensaio intimista"[40]. O personagem principal, interpretado por Roberto Miranda (que atuaria também em *Amor, palavra prostituta*), é um fotógrafo profissional um tanto chucro, especializado em tirar fotos eróticas e que, frequentemente, se envolve com suas modelos. Apesar disso, ele nutre uma paixão platônica por sua vizinha, muito mais nova, aluna de sociologia na USP, que não se furtará a confrontar as opções e o modo de vida pequeno-burguês de seu admirador.

O cinema da Boca não hesita em se valer dos estereótipos mais patentes, embora algumas vezes consiga complexificar um pouco a construção desses tipos. Esse parece ser o caso de *O fotógrafo*. Nele, encontramos, mais uma vez, a figura do macho sensível, porém, nesse caso, a fragilidade do personagem repousa justamente em sua abertura e disposição a se deixar confrontar pelo universo erudito de seu objeto de desejo: ele se deixa influenciar por ele, começando, por exemplo, a questionar o próprio modo de vida e a se interessar por poesia.

O filme, contudo, assume uma posição ambígua em relação ao seu protagonista, pois, ao mesmo tempo que exalta essa sensibilidade e receptividade, sugere uma conotação de fracasso, quiçá de ridículo (não esqueçamos que os filmes da Boca operam frequentemente com o sarcasmo) por estar em uma posição passiva e subalterna em relação a seu objeto de desejo.

É interessante notar que o fotógrafo Denis aceita dar à estudante aulas de fotografia porque deseja se aproximar dela, mas, ao mesmo tempo, continua insistindo para que ela pose para ele,

40 *Ibidem*, p. 113.

seja objeto de seu olhar, ao que ela responde: "Eu quero aprender a fotografar e não a ser modelo". Portanto, há nesse filme uma guinada em relação a outros do gênero: a da mulher que se recusa a ser objeto e reivindica o olhar.

No fim, porém, o personagem masculino acabará conseguindo fotografá-la – a princípio, de maneira não consentida –, em uma sequência bastante interessante, lúdica e alusiva, que lembra muito o Marco Ferreri de *Break Up* (1965). Nem tudo, entretanto, sai como planejado, e a tentativa dele de retomar a posição de controle acaba frustrada. Denis termina o filme só, com a recusa das duas mulheres com quem flertava – a vizinha e a sua produtora – em lhe servir de objeto de desejo.

Outra parceria prolífica da fase roteirista de Inácio Araujo foi com Carlos Reichenbach, com quem escreve os roteiros de *Amor, palavra prostituta* (1982) e *Filme demência* (1986). Este último, uma produção da Embrafilme, teria de esperar três anos desde a escritura do texto até ser finalmente realizado. Segundo Inácio, "é um filme muito pessoal do Carlão. Quando eu vi o filme pronto, já nem me lembrava qual tinha sido a minha contribuição. Segundo o Carlão, minha contribuição foi mais no sentido de tirar coisas"[41].

Além desses filmes, Inácio compartilha com Reichenbach a autoria de pelo menos outros três roteiros que não chegaram a ser produzidos: *O fogo do desejo*, *Mulher animal* e *Amor de perversão* (não confundir com o filme de mesmo nome dirigido por Alfredo Sternheim em 1982). Sobre seu trabalho com o diretor de *Amor, palavra prostituta*, Inácio declara: "O Carlão visualizava já as cenas na medida em que a gente ia escrevendo, não era o caso dos outros. [...] O roteiro de *Amor, palavra prostituta* foi escrito rápido, porque precisava. Lá na Boca era assim, ninguém falava 'Vamos escrever um roteiro', eles primeiro armavam toda a produção e depois chamavam alguém pra escrever, o roteiro tinha que sair muito rápido"[42].

41 Inácio Araujo, entrevista, *cit.*
42 *Ibidem.*

O filme tem como personagem principal um intelectual ocioso, interpretado por Orlando Parolini. Introspectivo, ele vive uma crise em seu relacionamento conjugal com Rita, personagem de Patrícia Scalvi, operária cansada de sustentar o namorado e que não compreende a propensão dele, um leitor de Kierkegaard, às atividades do espírito. O contraponto ao filósofo é o personagem vivido por Roberto Miranda, um empresário materialista e inescrupuloso. A oposição entre essas duas figuras é frequentemente pontuada durante a trama, mas nem por isso o filme faz concessões a qualquer dos dois personagens. A pretensa elevação intelectual do protagonista-filósofo não parece fazê-lo gozar de maior legitimidade que o personagem capitalista no contexto da trama. Sua posição de incompreendido perante seu entorno é, aliás, abordada de maneira um tanto sarcástica e deslocada.

Ortiz Ramos refere-se a essa obra como um "filme 'feminino' com toques de melodrama"[43]. O longa chegou a ser interditado pela censura durante dois anos sob a alegação de que incitaria a liberação do aborto. Trata-se, contudo, de uma obra que parece falar das disfunções decorrentes de uma sociedade estruturada sobretudo em torno da satisfação dos prazeres masculinos. As personagens femininas, com exceção talvez de Rita (Scalvi), apenas gravitam em torno dos desejos deles. Nesse sentido, o filme dialoga com outras obras roteirizadas por Araujo – que aliás, neste longa, também atua como assistente de direção.

Diretor

Foi depois de *Amor, palavra prostituta* que enfim surgiu para Inácio Araujo a oportunidade de passar para trás das câmeras. A ocasião foi um longa-metragem em episódios produzido por A. P. Galante, *As safadas* (1982), em que o jovem roteirista dirigiria o segmento

43 José Mario Ortiz Ramos, em F. Pessoa Ramos e L. F. Miranda (orgs.), *cit.*, p. 582.

intitulado *Aula de sanfona*. Os outros realizadores a participar do projeto foram Carlos Reichenbach e Antonio Meliande. Inácio também assina o roteiro e a montagem de seu episódio. Seu assistente de direção na ocasião foi Jairo Ferreira.

Embora essa não fosse exatamente uma novidade por ali, o início dos anos 1980 na Boca do Lixo foi um período prolífico para filmes em episódios, conforme aponta Abreu[44]. O próprio Reichenbach começou sua carreira dirigindo filmes em episódios no final dos anos 1960. Devido à inflação estratosférica do período, esse tipo de filme torna-se financeiramente atraente: a possibilidade de filmar simultaneamente encurta os prazos e, por consequência, reduz as despesas de produção – temos que lembrar quanto o dinheiro se desvalorizava num curto período naquela época. Assim, do início das filmagens até o fim da pós-produção de *As safadas* passou-se cerca de um mês, período incrivelmente curto para um longa-metragem. Três equipes simultâneas foram montadas, e Inácio Araujo teve pouco menos de uma semana para filmar seu segmento.

Aula de sanfona conta a história da jovem Nanci (Sandra Graffi), que, ao decidir não mais se submeter aos maus-tratos do namorado, decide também dar uma chance ao vizinho, um sanfoneiro amador (Cláudio Mamberti). Inicialmente, ela destila todo seu preconceito em relação ao aspecto do homem, obeso, mas, uma vez que ele consegue lhe dar o prazer sexual que seu namorado negligenciava, ela acaba cedendo e se envolvendo amorosamente.

Conforme podemos notar pelas linhas gerais da trama, com esse filme Araujo não subverte em nada uma premissa muito comum aos filmes da Boca: a de que todo e qualquer conflito deve ser resolvido por meio do sexo, em geral terminando com a mulher sendo submetida, dominada. É interessante notar que o episódio começa com um plano de clara referência ao filme *Janela indiscreta* – também citado visualmente em outro filme roteirizado por Araujo, *O fotógrafo*. O primeiro contato que temos com Nanci e seu namorado Valdemar é justamente de longe, ao observá-los, na condição

---

44 Nuno Cesar Abreu, *op. cit.*, p. 96.

de *voyeurs*, através de uma entre tantas janelas de um prédio decadente paulistano. Os personagens abordados representam algo de muito baixo numa escala de valores, espécie de lumpesinato vivendo nos subterrâneos da Boca. Nanci é fútil e preconceituosa, seu namorado é misógino, violento e não hesita em paquerar a amiga com quem ela divide apartamento. Não nos espanta, portanto, o final do filme, que faz alusão a uma relação incestuosa entre o sanfoneiro e aquela que tomamos como sua filha.

Durante os anos 1980, dedicando-se cada vez mais à carreira de crítico cinematográfico para a *Folha de S.Paulo*, Inácio irá aos poucos abandonar sua carreira no cinema. Esse momento coincidiu com um período de decadência para o cinema brasileiro, que culminaria com o fim da Embrafilme no final da década. Contudo, antes que a carreira chegasse ao fim, em 1985, Araujo ainda escreve um roteiro de longa-metragem com a pretensão de dirigi-lo: *Casa de meninas*. O filme versaria sobre quatro personagens femininas, de duas gerações diferentes: a primeira, diretamente influenciada pelos acontecimentos de 1968, e a segunda, vivendo sua juventude na contemporaneidade. O autor fala de suas intenções: "Em 1986, o Maio de 1968 chegava à maioridade, o que me parecia um bom momento para revê-lo"[45].

O grande desafio desse roteiro, segundo relata Inácio, foi encontrar um desfecho para duas das personagens, no que foi auxiliado de modo decisivo pelo parceiro de longa data Carlos Reichenbach. No final dos anos 1980, Carlão tentaria produzir esse roteiro dentro de um projeto que se chamou Casa de Imagens, produtora de filmes criada em janeiro de 1988. Segundo o *book* de apresentação e captação de recursos da empresa, seu objetivo era "reciclar a bem-sucedida tradição do cinema de baixo custo e alta qualidade e adaptar à situação brasileira uma prática usual nas modernas cinematografias da Alemanha, Itália, Inglaterra – ou seja, a produção de 'pacotes' de filmes". Além desse longa de Inácio, projetos de filmes de André Luiz Oliveira, Andrea Tonacci, Guilherme

---

45 Inácio Araujo, entrevista, *cit.*

de Almeida Prado, Júlio Calasso Jr. e do próprio Reichenbach figuravam no pacote Projeto Cinema/90, estruturado pela produtora. Desses, apenas o filme de Almeida Prado, *Perfume de gardênia*, veria a luz.

Ainda em 1986, no entanto, não acreditando muito que a realização do filme se tornasse possível, Inácio Araujo transforma *Casa de meninas* em um romance. Ele é publicado em 1987 pela editora Marco Zero e acaba rendendo ao crítico o Prêmio da APCA de Revelação do Ano. O romance ganhou republicação em 2004 pela Imprensa Oficial do Estado de São Paulo; no mesmo volume, foi também publicado o roteiro do longa, jamais filmado.

Bibliografia

ABREU, Nuno Cesar. *Boca do Lixo: cinema e classes populares*. 2. ed. São Paulo: Editora da Unicamp, 2015.

ARAUJO, Inácio. *Casa de meninas: romance e roteiro cinematográfico*. São Paulo:Imprensa Oficial do Estado de São Paulo, 2004.

COSTA, Fernando Moraes da. *O som no cinema brasileiro: revisão de uma importância indeferida*. Tese (Doutorado em comunicação). Rio de Janeiro: Universidade Federal Fluminense, 2006.

GAMO, Alessandro (org.). *Jairo Ferreira e convidados especiais. Críticas de invenção: os anos do* São Paulo Shimbun. São Paulo: Imprensa Oficial do Estado de São Paulo, 2006.

ORTIZ RAMOS, José Mario. *Cinema, televisão e publicidade: cultura popular de massa no Brasil nos anos 1970-1980*. 2. ed. São Paulo: Annablume, 2005.

"OS ANOS 1970". *Folha de S.Paulo, Folhetim*, 11 set. 1979.

PESSOA RAMOS, F.; MIRANDA, L. F. (orgs.). *Enciclopédia do cinema brasileiro*. 3. ed. São Paulo: Editora Senac, Edições Sesc-SP, 2012.

REICHENBACH, Carlos. "Da foice ao coice", *Cinegrafia*, São Carlos, n. 1, jul. 1974, pp. 19-20.

CRÍTICO DO CINEMA BRASILEIRO

TEXTOS SELECIONADOS DE INÁCIO ARAUJO

Duas paixões simultâneas

Noites paraguaias (1982), de Aloysio Raulino

Existem, em *Noites paraguaias*, duas paixões simultâneas: a do documentarista – que Aloysio Raulino sempre foi – e a do narrador – que começa a ser. Não é de surpreender, portanto, que seu filme oscile entre momentos em que o documental se acrescenta ao narrativo, e momentos em que estes dois registros de certo modo se repelem.

No primeiro caso, o resultado são algumas das belas sequências iniciais; no segundo, certos momentos da peregrinação do jovem paraguaio por São Paulo.

Fiquemos, por algum tempo, com a sequência inicial, uma das mais belas feitas no cinema brasileiro nos últimos tempos: momentos poéticos em que, pelo simples encadeamento de imagens, o espectador se dá conta de uma situação (a morte do pai). Momento que serve para avaliar um cineasta, isto é: alguém que deve falar por imagens (coisa tão evidente, mas que, parece, vem sendo desgraçadamente esquecida por nossos cineastas). Momento em que Raulino, sem se deixar seduzir pelas ideias de "gênio", chega a evocar um *Vestida para matar* de Brian De Palma e mostrar-se efetivamente original. Ali, as cenas que pontuam os últimos momentos do velho pai são cortadas por imagens estáticas, simples expressões faciais captadas em contato com o campo (isto é, o cenário da vida dos personagens): ao contrário do que se poderia esperar, o documental agrega-se à narrativa até desembocar na sequência do enterro, bela por sua atmosfera de poesia simples e eficaz que consegue extrair desse ritual ao mesmo tempo único (só se morre uma vez) e vulgar (todos passamos por ele); pela virtude de uma música que, cumprindo seu papel, transmite as ideias de um transtorno irrecuperável.

O que vem a seguir é menos feliz: o jovem paraguaio abandona sua noiva rumando para Assunção e daí para São Paulo. Itinerário de uma errância: alguém solto no mundo, sem outra pátria exceto a música, a sua música. No momento em que chega a São Paulo, mais especificamente no momento em que Raulino insere uma sequência com um garçom perseguido pelo demônio, o filme se deixa dispersar. Ao contrário do brilhante início, o documental e o narrativo já não aderem um ao outro, mas se repelem. O que era errância de um personagem torna-se errância do próprio filme. Pode existir aí, não sei, uma proposta estética de identificar o referencial ao filme, o objeto ao sujeito do discurso – mas é inegável que um tal desenvolvimento traz à memória do espectador filmes como *Homem sem rumo*, de King Vidor, em que a errância do personagem era absorvida pela solidez da narrativa.

Aqui, ao inverso, a errância se traduz por dispersão da *mise-en-scène*, os enquadramentos se tornam vagos, imprecisos, no que acompanham a imprecisão dos próprios personagens. Raulino, documentarista, acumula seu filme de situações acidentais que se justapõem sem dar conta da babel paulistana. O registro cinematográfico, aqui, incorre no que tem sido o defeito mais frequente do cinema brasileiro nos últimos tempos – sua incapacidade de ultrapassar a si mesmo, de criar, a partir das imagens mostradas, uma segunda existência capaz de engajar efetivamente o espectador. O realismo documental como que alija da tela seu próprio objeto: uma série de personagens, situações e cenários que se adicionam, não compõem um conjunto vivo. É como se oferecessem ao espectador uma importância a um só tempo tautológica (um filme é um filme) e autoritária (vejam!).

Estas observações levam de maneira quase obrigatória a uma pequena digressão sobre o atual estágio do cinema brasileiro. Moderno no período do cinema novo, a partir de 1968 teve de encarar ainda incipiente o desafio do pós-modernismo, isto é, a crença generalizada no fim da arte. O problema nunca foi – que eu saiba – objeto de um trabalho teórico mais detido. O fato é que, de alguns anos para cá, pode-se observar uma ausência de rumo quase generalizada, proporcional à de um pensamento capaz de abarcar, num só movimento, os problemas de uma arte e uma sociedade em permanente convulsão. Observamos a incerteza de um Nelson Pereira dos Santos a partir de *Azyllo muito louco* ou o naufrágio de um Joaquim Pedro (autor de um belo *O padre e a moça*) com a mesma indiferença que vemos Raulino, em sua estreia, deixar escapar de suas mãos personagens extremamente ricos em troca de um vanguardismo a todo preço, tanto mais artificial quanto premeditado.

Felizmente, no entanto, é possível dizer que em *Noites paraguaias* o diretor deixa antever o cineasta que é e será, na medida em que abandona certos preconceitos culturalistas para dedicar-se à tarefa (tão mais difícil do que simples) de investir em suas paixões. "Só existe uma maneira de filmar alguém entrando num escritório, é mostrá-lo entrando num escritório", dizia Raoul Walsh. A citação não é literal, mas o sentido, sim.

Num cinema como o nosso, passando por uma crise que não se pode mais ignorar, temos cem, duzentas maneiras de filmar uma pessoa entrando num escritório. Poucas delas, no entanto, se dão conta da pessoa ou mesmo do escritório, fascinadas pela pura escritura, pela câmera que têm na mão. À custa de evitarmos qualquer paixão pelo objeto, terminamos por obliterar a paixão do cinema, indispensável a quem quer que filme.

Aqui, eu gostaria de voltar a *Noites paraguaias* e ao trabalho de Aloysio Raulino. Mesmo nos momentos em que seu filme parece mais fraco, é possível discernir um encanto pela música paraguaia capaz de resgatá-lo e deixar o espectador, ao final, com uma impressão de conjunto favorável. Reprimida por vezes, mas sempre presente, existe a unificar e dar vida a este filme uma indisfarçável paixão por esta música. Música melancólica que remete seu ouvinte a sensações de morte e de perda: morte do pai (no filme) ou morte de um país após a guerra; perda de sua saída para o mar. A harpa é, assim, o mar paraguaio: instrumento de uma música que se propaga em ondas e que, evitando os altos e baixos, sugere uma ideia de horizontalidade. Pela harpa o paraguaio encontra o mar (e por consequência o seio materno, se aceitarmos a hipótese de Ferenczi em *Thalassa*) e sua saída para o mundo. O Paraguai pode prescindir de sua língua (o fato de o filme ser falado quase todo em guarani é uma feliz demonstração desta angustiante verdade pelo vazio que instaura), mas não da harpa e de sua música. O Paraguai é, nesse sentido, único, e o filme seria mais realizado se concentrado nesta ideia em lugar de permitir que se perdesse em outras, não só secundárias, como desenvolvidas de forma inconsciente. Quando a harpa se põe a tocar, no entanto, é como se Raulino assumisse a única atitude necessária a um diretor de cinema: abrir-se de lado a lado, mostrando-se inteiro para mostrar alguma coisa do mundo.

Filme equilibrado entre a sinceridade comovente e simples e as facilidades de artifícios vanguardistas (quantos cineastas não recorrem a eles para garantir o valor "cultural" de seu trabalho), *Noites paraguaias* tem o mérito de revelar um cineasta. Isto é, alguém capaz de amar seu objeto e seu instrumento. Condições indispensáveis para, no correr de outros filmes, encontrar sua expressão mais madura. Não é de muitas estreias que se pode dizer isso.

(Filme Cultura 43, jan.-abr. 1984)

Tentação autoritária permeia imagens cheias de negatividade

Ao ver *Cronicamente inviável*, minha atenção desviava-se do filme e se fixava na lembrança de outras imagens, as de um documentário nazista em que judeus são mostrados como análogos de ratos. Colocada numa folha de papel, essa metáfora é apenas tola. Na tela de cinema, porém, adquire uma dimensão monstruosa. A montagem a naturaliza, retira-a do âmbito literário para o da coisa propriamente dita.

Cronicamente inviável tem sido objeto de vasta estima nos meios intelectuais. Não é todo dia que isso acontece com um filme brasileiro. Aliás, nos últimos tempos isso não acontece com filme algum. Aceita-se o cinema como produto e distração. De algum modo, Sérgio Bianchi foi ao encontro do desejo de uma parcela significativa dos espectadores.

Não chego a partilhar inteiramente dessa estima por alguns motivos. O primeiro deles é que Bianchi trabalha os vários esquetes que compõem seu longa-metragem dentro de uma lógica dual. Eles partem da constatação de que o Brasil se divide em exploradores e explorados. Os primeiros são desprezíveis por serem exploradores. Os últimos, por se deixarem explorar.

Dada essa premissa, não há muito a fazer: podemos constatá-lo já nos dez primeiros minutos, que contêm as ideias-chave do filme, que a rigor repetem a crítica feita pelo cinema novo tanto às elites como ao "povo brasileiro", reduzindo-a a uma sintaxe tipo "toma lá, dá cá", em que cada conflito se encerra em si mesmo.

Em *Cronicamente*, é o acúmulo de esquetes que produz o efeito final. O sentido não está em cada um deles, mas na associação entre eles. É a constatação de que entre uma elite arrogante e idiota e um povo acéfalo (por submisso ou violento, tanto faz) não existe opção: somos nem mais nem menos que a barbárie.

O raciocínio de Bianchi parece nos imaginar como um deslocamento, quando não uma anomalia. Anômalos, somos uma parte descartável da espécie, assim como os judeus para os nazistas. Não há sobre o que refletir nem o que decifrar; não há obstáculos a contornar. Se jogarem uma bomba atômica por aqui, não haverá muito a lamentar (sobretudo se não atingir as reservas florestais). Somos irredutíveis à civilização.

Esse raciocínio constrói-se, cinematograficamente, em termos pré-modernos. Não supõe a liberdade do olhar pela qual se batia Rossellini. O espectador nunca é chamado a compreender o mundo a partir do que vê na tela. Antes que entenda qualquer coisa, estará diante de um impasse (pois o impasse aqui é fundador). Não é a realidade que leva à interpretação. A interpretação é que define o que pertence ou não à esfera do real (e do viável). A linguagem é, nesse sentido, plenamente autoritária.

Ao mesmo tempo, o sistema de esquetes supõe um conforto, pois permite isolar personagens em oposição (o passageiro e o chofer do táxi, a patroa e a empregada etc.). Somos confrontados com uma sociedade que só se define por oposições pontuais e irredutíveis. Não existe conjunto, mas acúmulo de dualidades. Não existe história e não existe política. Nosso nada como que brota da terra, incontornável, embalado por generalidades como "povo" e "elite", "escravo" e "senhor" (pois essas designações, se privadas de contexto, o que significam a rigor?).

Se somos não mais que uma anomalia, resta supor que o somos em relação a outras coisas. Essa suposição não chega a ser explicitada. Se fosse, teríamos algo a que aspirar. Poderíamos querer ser europeus, por exemplo. Bianchi fecha também essa porta, ao mostrar um fazendeiro europeu em conflito com o MST: no Brasil, um europeu nada mais é que um brasileiro! Não é de espantar que, para explicar a barbárie brasileira, um personagem retroaja alguns séculos: o calor faz mal, o trópico é incompatível com a civilização, aqui o sangue se torna ralo etc.

Resta que um ou dois atos falhos revelam uma secreta admiração pela cultura europeia. Um deles: em dado momento, Betty Gofman, ambiguamente caridosa, distribui presentes a crianças carentes. As vemos se engalfinharem, em imagens embaladas por uma valsa. O contraponto é evidente demais para não ser notado. A harmonia está em outro lugar, mas existe. Ela não está no ritmo baiano, no samba ou nas diversões carnavalescas "de escravos". Ela está nesse ritmo delicado, associado à bela Viena.

Pode-se perguntar se essa Viena será tão boa, tão harmônica assim. Afinal, recebeu Hitler de braços abertos; foi pioneira na ascensão do neonazismo ao poder, há poucos meses. Será a Áustria tão mais viável do que o Brasil?

Por fim, vale atentar à cartela de agradecimentos, que inclui ilustres e poderosos como Francisco Weffort e o finado Sergio Motta. Existe sarcasmo nesses agradecimentos, que poderiam se estender a Pedro I, a Cabral e a tantos outros responsáveis pela existência de nosso antiparaíso: a suposição de que com a colaboração do *establishment* se pode fazer um filme contra o *establishment*.

Mas não deixa de haver ambiguidade nesse agradecimento. Pois não é o *establishment* que é atacado, e sim algo mais abstrato, a que se pode denominar Brasil. Declarar a impossibilidade de tudo equivale a aceitar como inevitável um estado de coisas. O próprio Cristo Redentor sacramenta nossa inviabilidade. Ela nos desculpa e nos liberta. A inexistência de escolha faz com que tudo seja permitido. Matar ou ser morto, explorar ou ser explorado se equivalem, já que nada leva a nada.

Pela negatividade, *Cronicamente inviável* nos conduz à tautologia: pode arquivar Gilberto Freyre, Darcy Ribeiro, Sérgio Buarque... Não há o que interpretar. O Brasil é o Brasil. Pode consolar, mas soa autoritário.

(Jornal de Resenhas da *Folha de S.Paulo*, 17 jul. 2000. Inácio Araujo/Folhapress.)

A velha a fiar (Humberto Mauro, 1964)

Nada me chama mais a atenção em *A velha a fiar*, nada é ao mesmo tempo tão evidente e misterioso quanto aquela senhora em sua roca. A velha, a roda, o movimento, tudo em um único plano. Primeiro chama a atenção a velha, que não é uma mulher, e sim um homem. Por que teria Humberto Mauro optado por tal solução? As respostas podem começar pelo anedótico, a diversão de ver seu amigo e colaborador Mateus Colaço no papel feminino. O travesti. Pode-se pensar também em falta de recursos, embora soe meio absurdo: mesmo nos quadros do INCE seria possível encontrar uma mulher para o papel. Por fim, e para reduzir logo o leque de hipóteses, já se assinalou a semelhança entre o magro Colaço e a mãe que aparece em *Psicose*.

A essas hipóteses, todas plausíveis, acrescento outra: existe ali uma opção de Mauro pelo travesti, pelo disfarce (como em

Psicose, aliás). Por criar uma coisa que parece outra. O que remete à faculdade tão cinematográfica de transfiguração do mundo, da transformação de real em fantasia, de vigília em sonho. Teria pensado nisso? Seja como for, a ideia está contida, me parece, na imagem.

A roca também é um elemento de transformação, em que o fio adquire forma e se torna tecido. Mais de uma vez, vale assinalar, arte e artesanato fizeram par na obra do cineasta, foram de certa forma igualados: a arte com sua autoria nomeada, o artesanato em seu anonimato. Mais do que tudo, no entanto, chama a atenção a analogia entre a roca, seu movimento regular, e as câmeras de cinema dos primeiros tempos. Se os Lumière conceberam a grifa a partir da máquina de costura, digamos que a roca remete tanto à máquina de costura quanto o movimento regular dos pés da velha lembra o gesto dos primeiros cinegrafistas, que moviam com a mão a manivela das primeiras câmeras e de cuja precisão dependia o bom andamento do filme.

Tudo nessa série admirável de planos remete ao cinema. Inclusive o fato de a roca ser análoga às cachoeiras, que por sua vez são a metáfora usada por Mauro para o cinema[46]. Tenho a impressão de que uma das coisas que mais motivaram o autor, aqui, foi seu pensamento sobre o cinema como máquina de transformação, no mesmo momento em que encenava a formidável série de sutis metamorfoses que compõem o filme.

Talvez pareça pernóstico levar as coisas para esse lado, tanto colou em Mauro a imagem daquele cineasta meio intuitivo, meio caipira, o "autêntico", todos esses eufemismos para definir alguém um tanto simplório. Imagem, aliás, que o cineasta não deixou de cultivar. O início é, aliás, um reforço dessa imagem: a vida campestre, o sítio, os camponeses, os animais, a mulher lavando roupa, o bucolismo do Brasil interiorano, mineiro especificamente, reafirmado pela ritmação da música (ainda sem a letra). A notar a

---

46 Referência de Inácio Araujo à famosa frase de Humberto Mauro: "Cinema é cachoeira".

beleza quieta do plano de abertura: bois, homens, rio, na parte de baixo do quadro, uma linha irregular formada pelas montanhas, uma espécie de *v* que se harmoniza com o movimento dos bois; e, finalmente, na parte superior, o céu com nuvens espessas, mas não ameaçadoras.

Existe ali algo de imperturbável, de intransformável, que o restante do filme virá transtornar. Pois, desde que a letra se manifesta, algo muda nesse quadro. Sem deter a roda, a velha espanta a mosca que vem perturbá-la com o gesto brusco que anuncia a transformação no ritmo do filme, que daí por diante se tornará mais intenso.

Um faz mal ao outro, um implica com o outro: o mundo é uma sequência de interferências que, parece, impingimos uns aos outros. A mosca à velha, a aranha à mosca, o gato ao rato, o cachorro ao gato etc., até que venha a morte fazer mal à mulher, conforme a canção.

Nesse momento, sobressai a retomada da imagem em primeiro plano da caveira de boi que enfeita a porteira. Todo o ciclo, da mosca à água, do pau ao boi, tudo que é reafirmado pelo retorno regular à imagem da velha e sua roca, não é senão o ciclo de nossa existência: ali estão as coisas, os animais, os objetos, os atos que compõem esse ciclo e cujo ponto não apenas terminal, mas que nos ocupa o tempo todo, é a morte.

Com isso, Mauro transforma uma canção infantil em reflexão sobre o curso da vida e seu final inescapável, a morte, ao mesmo tempo que faz uso de todos os recursos disponíveis (fotografia, *tabletop*, animação, filmagem propriamente dita), ao menos recursos disponíveis no Instituto Nacional de Cinema Educativo (Ince), para expor o próprio trabalho, o trabalho da velha na roca, ou o do cineasta em sua câmera, a um tempo mostrando e transformando o mundo.

Um trabalho que acontece tão despercebido, tão reduzido à condição das atividades triviais, quanto o da velha em sua roca. Trabalho artesanal, tão ignorado quanto num primeiro momento a caveira diante da porteira. Caveira de animal, que entra ali como um disfarce, assim como Mateus Colaço disfarçado de velha. Talvez tenha ocorrido a Mauro, em seu último filme no Ince, ressaltar quanto passa despercebido o trabalho do cineasta, quanto é visto como insignificante, mero ato de surrupiar o real e transformá-lo em sombra, em celuloide.

Talvez o cineasta pensasse ali, já, numa espécie de testamento, um primeiro testamento, no instante mesmo em que uma nova geração de cineastas ao mesmo tempo o transformava em totem e se preparava para tomar seu lugar.

A morte simbólica e a morte real são tão presentes em *A velha a fiar* quanto a reflexão sobre o correr do tempo – regular e inescapável – registrado pela câmera, essa máquina que registra e transforma as coisas e a duração das coisas com a mesma eficiente discrição com que a velha, com sua roca, transforma o fio em tecido. A câmera não será uma máquina de transformar o real em símbolo?

Em *A velha a fiar* há um mundo que se forma e se ordena. Ao fazê-lo, porém, o cinema povoa de melancolia o canto infantil (como se não houvesse melancolia na infância), pois a forma mesmo conduz à metamorfose, de homem em mulher e de vida em morte. É o ciclo da vida que se tece ali.

(Crítica inédita)

Ugo, Dora e Gabriel

Um belo dia encontro Ugo Giorgetti, e ele me diz que, se não fosse pelo que eu escrevi na *Folha*, seu filme teria a existência praticamente apagada.

É um destino comum no cinema brasileiro. Muito mais se levarmos em conta que o filme passou logo que os cinemas reabriram, no que se pensava ser o final da pandemia. Isto é, entrou num momento em que ninguém ia ao cinema.

Mas o desafio proposto por *Dora e Gabriel* (2020) é quase inacreditável: fazer um filme inteiro no interior do porta-malas (com exceção do início, uma cena de sequestro, e do final descon-certante) de um automóvel.

O que era impossível mostrou-se possível. Ugo fez de *Dora e Gabriel* um belíssimo filme, partindo de uma situação tão delicada para ele quanto para os seus personagens.

Para os personagens mais ainda: o homem, Gabriel, é colocado por ladrões no porta-malas de seu próprio automóvel. Por coinci-dência ou azar, uma moça que passa por ali é nada gentilmente convidada a partilhar o apertado espaço com o homem.

É preciso acentuar que todas as chances estavam contra o cineasta. Mas Giorgetti nunca fugiu do risco. Se existe um diretor de cinema que me lembra Francis Ponge é ele. Ponge fala do sujeito que, ao ver os incendiários, fica a distância. Mas é depois, quando vem o incêndio, que ele chega, um bombeiro. Joga a água, o incêndio se apaga, mas ele continua a jogar água, e a jogar água, e mais água, até que em vez do incêndio ele provoca a inundação.

Assim são os artistas discretos. Seus filmes parecem conven-cionais. No entanto, revelam um modo de vida (o paulistano) como poucos. Aqui tinha as questões formais, digamos: como evitar a monotonia num longa-metragem com dois personagens em situa-ção de imobilidade.

Mas, além disso, existe outro problema não menor: o que expri-mir com essas imagens que seja capaz de interessar ao espectador.

Como a sorte sem competência não serve para muita coisa, Giorgetti ajudou-se bem: escreveu ótimos diálogos para a situação constrangedora do par e acrescentou situações que variam da ten-são à esperança de solução para o sequestro.

Dora, com seus modos agressivos, mostra-se esquiva em rela-ção a Gabriel. Ela não aceita sequer que ele a toque – convenhamos que na situação é difícil: eles estão dispostos como cartas de bara-lho, grudados um no outro. Gabriel é um homem de origem árabe, percebe-se pelo falar. Dora, bem paulista, é uma soma de arrogância e estupidez; como Gabriel diz que é libanês ela já acha que só pode ser terrorista e, como tal, culpado pelo drama por que ela passa bem no dia em que, acredita, seu carro seria sorteado no consórcio.

101

Gabriel parece conformado: talvez por sua condição de imigrante, percebe-se nele a necessidade de se mostrar acessível, gentil, racional. Enfim, que a moça não o julgue por ser árabe, portanto suspeito.

Ugo já lidou bem com situações análogas. Em *Uma noite em Sampa* (2016), por exemplo, deixou um grupo de turistas perdidos à noite na cidade, tendo por única companhia seus fantasmas (no mais, representados por manequins misturados aos personagens). Ou quando, em *Festa* (1989), criou uma situação beckettiana, com seus três artistas à espera do momento em que se exibiriam numa festa de ricos. Mas para os ricos paulistas (ao menos os que estão nessa festa e que nunca vemos) os artistas são um badulaque, um adendo dispensável.

Poderia trazer uma lista infindável de exemplos. O certo é que esse cinema toma São Paulo, a cidade, seus habitantes, suas paisagens, como ponto de sua observação do mundo. Há personagens ricos, outros apenas remediados, artistas ou militares, decadentes ou afluentes. Mas são, antes de tudo, paulistanos.

Imigrantes libaneses e garotas de programa são tipos habituais por aqui. São frequentes como o assalto ou, pior, o sequestro; tanto quanto o medo de sofrer um assalto ou, pior, um sequestro.

Talvez se possa apontar como diferença, aqui, que São Paulo é nada mais que o ponto de partida. Aqui se dá o sequestro. Mas o seu drama é saber qual seria o ponto de chegada. Poderia ser qualquer lugar. Mas não é qualquer lugar, e isso faz toda a diferença. O ponto final é no Brasil, ou antes: é o Brasil.

Só no final do sequestro, só aí, o espectador descobrirá que tem sido, tanto quanto os personagens, alguém destituído de seu destino, que apenas segue em frente, balançando de um lado para outro num carro guiado por alguém que não conhecemos (exceto pelas más intenções), sem saber por onde segue, por que segue, para onde. E o final do sequestro será também uma espantosa surpresa.

Esse foi o décimo longa de ficção de Ugo, onde ele manifesta uma clareza de ideias e de como transformá-las em imagem. Com isso, consegue manejar uma produção mínima com desenvoltura e se sair com brilho. Mais do que da técnica, esse brilho vem da sorte, da capacidade de definir os personagens, da boa direção de atores, da capacidade de olhar – essa que ele um dia partilhou com seus amigos da geração dos novíssimos poetas, como Roberto Piva e Claudio Willer. Não se trata de conformismo ou inconformismo em seus filmes, mas é como se ele fizesse parte de uma revolução noturna, poética e silenciosa.

Sua lucidez, eu acredito, acabará por ser reconhecida, mais cedo ou mais tarde (temo que mais tarde). Mas será.

(Crítica inédita)

3

A CRÍTICA E O JORNALISMO

ENTRE A *CAHIERS* E
A BOCA DO LIXO

JOSÉ GERALDO COUTO

Tive o privilégio de conviver diariamente com Inácio Araujo durante uma década (a de 1990) na redação da *Folha de S.Paulo*. Mas antes disso já era seu leitor e admirador. Não demorou para nos tornarmos amigos fraternos. É, portanto, em primeira pessoa, de um ponto de vista assumidamente subjetivo, que escrevo este comentário.

Uma das virtudes mais importantes de Inácio como crítico, a meu ver, é sua visão ampla e generosa do cinema, desprovida de hierarquizações aprioristicas, de preconceitos acadêmicos, de arrogância intelectual. Aprendi com ele que o cinema é um meio de expressão ao mesmo tempo refinado e popular, transitando de várias maneiras entre o pensamento mais sutil e a diversão circense, frequentemente num mesmo filme, quando não numa mesma cena.

Talvez essa abertura de espírito tenha a ver com sua múltipla formação intelectual e profissional. Senhor de um amplo repertório literário (aliás, é também um ótimo escritor de ficção) e de um consistente conhecimento da história cultural, sobretudo de raiz europeia, Inácio Araujo tem, por outro lado, um pé firmemente fincado na tradição popular brasileira, até por sua ligação – inclusive profissional, como montador – com o cinema da chamada Boca do Lixo paulistana. Não por acaso, as figuras do cinema de quem sempre foi mais próximo são artistas e pensadores que buscaram uma ponte, ou antes uma interação, entre o "erudito" e o "popular", notadamente Carlão Reichenbach, Andrea Tonacci e Jairo Ferreira.

Nada disso significa ecletismo, leniência com cinemas desprovidos de alma nem com falta de posicionamento, de paixão ou de engajamento. Pelo contrário: junto com outro crítico e amigo, Alcino Leite Neto, Inácio sempre me acusou de ser "desengajado", isto é, de mostrar condescendência com filmes e diretores que não a mereciam. Mas essa é outra história.

Sua formação como crítico tem algumas balizas claras. Em primeiro lugar, evidentemente, os franceses: André Bazin e seus discípulos dos *Cahiers du Cinéma* da fase heroica (Godard, Truffaut, Rohmer, Chabrol, Douchet). No Brasil, a referência incontornável era Paulo Emílio Sales Gomes, em especial pela ênfase na necessidade de compreender nossa especificidade histórica e cultural, mas também críticos tão díspares quanto o "careta" Rubem Biáfora e o libertário Jairo Ferreira. Da assimilação crítica desses autores, matizada por suas próprias experiências e reflexões, Inácio compôs o que podemos chamar de seu pensamento cinematográfico, que não é um edifício rígido, mas um método de abordagem maleável e aberto às descobertas que cada filme pode suscitar.

Como todo crítico, Inácio Araujo tem suas idiossincrasias, que ocasionalmente se tornam objeto de amistosas e bem-humoradas discussões. Escrevendo diariamente num jornal, por exemplo sobre a programação de filmes na TV, era inevitável que ele viesse a comentar várias vezes o mesmo filme. E aí se revelavam algumas de suas ideias fixas, contra as quais eu às vezes me batia. Um exemplo singelo: ao falar de *A dama do lotação* (1978), de Neville d'Almeida, ele insistia sempre que o problema do filme é que não havia mais lotações no Rio de Janeiro como na época em que Nelson Rodrigues escreveu sua crônica. E eu dizia que esse, a meu ver, era o menor dos problemas do filme, se é que era um problema.

Suas admirações incondicionais também costumam gerar discórdias e debates. Certa vez declarou, peremptório: "Clint Eastwood nunca erra". Eu, por maior que seja minha admiração pelo cineasta norte-americano, me senti na obrigação de discordar. Ele pediu exemplos, e eu disse o que me veio à mente: "O final feliz de *Crime verdadeiro* (1999), em que o jornalista, encarnado pelo próprio Clint, consegue salvar no último minuto o rapaz negro condenado à morte injustamente, é artificial e edulcorante, contrariando o que o próprio filme construiu até ali". Sua resposta: "Ah, mas isso é imposição de produtor, não se pode levar a sério". Estou certo de que, se o diretor fosse outro, o grau de rigor e exigência também seria outro. Em situações desse tipo a conversa tendia a se parecer com a discussão de uma partida de futebol – aliás, outro interesse duradouro do são-paulino Inácio. (Sou corintiano, o que talvez explique muita coisa dos nossos desentendimentos.)

Citei de passagem os "filmes na TV", terreno em que uma das maiores virtudes do crítico se tornava evidente. Refiro-me a seu poder de concisão, que suscitou o surgimento, na redação, da expressão "estilo haicai de Inácio Araujo". Ficávamos todos impressionados com sua capacidade de sintetizar em poucas linhas as informações de produção, uma leitura crítica do filme em pauta e sua inserção na história do cinema – e quase sempre com um humor sutil e irônico muito particular. Aquilo que, na leitura, parece tão simples e natural é de uma dificuldade tremenda, como pude comprovar várias vezes, ao ser obrigado a substituir o titular da coluna durante suas férias. Xinguei muito o Inácio nessas ocasiões. Outros colegas que passaram pela mesma experiência, como Cássio Starling Carlos, podem confirmar isso.

Nos últimos anos, para tristeza dos leitores, Inácio tem escrito menos na imprensa diária. Em compensação, segue exercendo com cada vez mais sucesso seu papel de crítico e pensador por meio dos cursos livres de história e linguagem do cinema que ministra há vinte anos. Tive a sorte e o prazer de assistir a duas aulas suas, uma sobre o "primeiro cinema", isto é, o cinema dos pioneiros, pré-Griffith e pré-normatização da narrativa clássica; a outra, sobre Buñuel e o cinema surrealista. Foram dois momentos de deleite e aprendizado – e o brilho nos olhos dos alunos que saíam das aulas conversando animadamente diz muito sobre o papel exercido por esse grande crítico no enriquecimento de nossa cultura cinematográfica.

DIRETO DA REDAÇÃO

TEXTOS SELECIONADOS DE INÁCIO ARAUJO

A Bandeirantes já encontrou o seu messias

O *Programa J. Silvestre* da última terça na Bandeirantes evoca, de alguma maneira, o célebre artigo de Roland Barthes sobre a campanha evangélica do pastor Billy Graham. De início, um plano geral tomando a um só tempo palco e plateia: alguns segundos de silêncio e a voz *off* de um locutor nos informa sobre a importância da estreia. Em seguida, os grandiloquentes acordes do prefixo do novo programa.

Está criado o clima. Tudo agora é uma Espera (quando surgirá J. Silvestre?), que com facilidade se converte em Sugestão: a orquestra, o cenário, a plateia disposta a aplaudir, tudo convida o espectador a participar desse rito de adesão ao novo contratado da casa.

Finda a música, aguarda-se o apresentador. Em vão. Quem surge é a atriz Eva Todor, para nos revelar que há 41 anos J. Silvestre iniciou-se ali mesmo, na Rádio Bandeirantes. O público se impacienta, mas essa impaciência é diferente daquela, selvagem, de quando o espetáculo atrasa. Eva Todor compreende e continua sua arenga encantatória, cujo conteúdo, um pouco bíblico, se resume à afirmação de que o bom filho à casa torna. Aliás, não importa o que ela diz: importa que, pela espera, compreendamos a grande dimensão do acontecimento. A atriz termina de falar. Só então o apresentador surge, do centro de uma estrela.

A cenografia aqui é especialmente significativa. J. Silvestre é um animador de sucesso, de audiência: a estrela de onde surge mostra bem como a Bandeirantes encara sua contratação. Alguém que tem audiência é, para a emissora, uma espécie de extraterrestre. Daí o discurso de Eva Todor ganhar o significado de um certo exorcismo destinado a expulsar os maus espíritos. J. Silvestre entra no palco: a câmara, que se postava a distância, avança ostensivamente – em movimento de graus – até chegar ao primeiro plano: agora, sim, acreditamos que esse homem de sucesso está na Bandeirantes.

Silvestre toma a palavra. É o momento mais esperado: começa a leitura de sua "Carta aberta a Silvio Santos". Lava-se a roupa suja, com as acusações previsíveis, nem mais nem menos do que já havia sido revelado anteriormente em entrevista coletiva. O fato importante é que tudo isso se passe em TV. Estamos já em plena Iniciação, cujo objetivo não é tanto acusar Silvio Santos quanto mobilizar os espectadores. O público desse tipo de programa é movido sobretudo por uma espécie de amor a quem o apresenta: ele está com Silvio Santos devido à sua simpatia, assim como está com Silvestre porque inspira "bondade", como afirmou pouco depois a moça que responde sobre parapsicologia. Tudo o que acontece no programa é pretexto apenas para que se manifeste esse tipo de virtude: bondade, simpatia, retidão de caráter. Homem de TV experimentado, sabe disso e sabe da briga que está comprando com o SBT: por sua carta, é de se supor que Silvio Santos o tenha acusado de infidelidade, de traição. Nada pior! Se o público de Silvestre acreditar em Silvio, é possível que o abandone. O novo astro da Bandeirantes trata de contra-atacar: o SBT lesou seus convidados, roubou o nome de seu programa (*Show sem Limites*), sua "identidade artística", como diz. Ou seja, se ele traiu, o fez em legítima defesa.

Limpa a honra, vamos ao programa. O primeiro quadro é "O Céu é o Limite", que começa sob o signo do Além: um garoto responde sobre extraterrestres; uma moça vem falar sobre fenômenos paranormais. O quadro seguinte tem por fim promover uma ligação umbilical entre os animadores de auditório da estação: "Esta É a Sua Vida" tem como convidado Flávio Cavalcanti.

Segue-se um debate sobre problemas de ética médica, tendo por tema a morte de Clara Nunes: foi negligência ou fatalidade do destino? A negligência ou o erro já sendo, por si, incomparáveis à noção de destino, fica o dito pelo não dito, e o programa chega ao fim sob o signo da mística, assim como se iniciou. O Destino que comanda nossas vidas fez J. Silvestre voltar à casa paterna, foi quem matou Clara

Nunes ou daí se pode inferir: é responsável por nossa miséria, pela crise, pela dívida externa etc. Nada podemos fazer exceto entregar-mo-nos à figura messiânica do apresentador, que, com seus gestos largos e seu rosto franco, não deixa de lembrar o Charlton Heston de *Os dez mandamentos*, vendendo-nos a ilusão de que a qualquer instante abrirá os mares para que passemos à Terra Prometida. A diferença é que o filme representava o condutor do povo hebreu. J. Silvestre, ao contrário, é a personificação do condutor: privilégio concedido pela TV apenas a certos homens capazes de trazer a paranoia ao palco: momento de delírio, em que o apresentador se julga possuído de um poder pleno e do qual seu público comunga inteiramente.

Sejamos mais modestos: por ora J. Silvestre oferece à Bandeirantes a irrespondível vantagem de nos privar da presença de Flávio Cavalcanti por mais dois dias na semana.

(*Folha de S.Paulo*, 29 abr. 1983. Inácio Araujo/Folhapress.)

A crítica diante da barbárie
Ataques a *Tieta* atestam a situação agonizante da cultura cinematográfica

Desde que *Tieta* entrou em cartaz, até antes, a cena se repete. Pelos jornais, pelos cantos, pelos bares, acusa-se Diegues de oportunismo, por adaptar Jorge Amado, por usar um romance que já foi até novela de televisão. Além disso, com que direito chamar Sonia Braga para o papel principal? Por que perversa razão usar Ocimar Versolato como figurinista? Por que voltar ao velho cinemão e fazer um filme de 5 milhões de dólares? Por que os jornais dão espaço a Caetano Veloso, o músico do filme?

Não são propriamente questões. É um desejo pessoal de linchamento, uma torcida para que o filme seja ruim, que se transforma num corpo de superstições. Ainda que somadas, não chegam a articular um pensamento minimamente racional. Expressam no máximo uma desconfiança em relação ao *marketing* do filme. Os mais espertos ao menos reclamam disso mesmo: o filme é um vasto exercício de *marketing*.

Essas vozes indignadas não se manifestam quando os mesmíssimos jornais entrevistam Tom Cruise, quando se lança *Missão impossível* (um filme notável, o que é outra história). Essas vozes intrépidas não se fazem ouvir quando James Cameron gasta 100 milhões de dólares para fazer um filme.

Mas Cruise e Cameron são Hollywood. "Outra realidade", como se diz. Uma realidade que não se conhece.

Com o filme brasileiro é diferente. Conhecemos, ou julgamos conhecer, a realidade. Nos achamos um pouco coautores dos filmes, pensamos poder dizer como o roteiro deve ser, como os atores devem interpretar, qual deve ser o orçamento.

Ignoramos alegremente que o cinema nacional vem de dez anos de estagnação e mais cinco anos de inexistência completa. Que *Tieta* é uma das primeiras produções a sair do circuito Espaço Unibanco/Cinesesc. E que os filmes feitos recentemente ainda tateiam, em busca de uma sintonia com o espectador.

São questões críticas, que envolvem modos de produção, internacionalização ou não, revisão de caminhos etc. Mas, sobre esses aspectos de fundo, silencia-se. A única preocupação – imitando a moda publicitária – é gritar mais alto, como se o grito pudesse ocupar o lugar do raciocínio.

O caso mais recente é o de Marilene Felinto. Romancista de prestígio, Marilene teria plenas condições de pegar a câmera, à maneira de Marguerite Duras, e dizer o que tem a dizer em imagens.

Mas não. Opta por arremeter com fúria sanguinária contra filmes brasileiros em geral (ou, pior, que acredita serem brasileiros. Marilene fala, por exemplo, de *O monge e a filha do carrasco* como de um filme brasileiro falado em inglês, quando é uma coprodução, com capital norte-americano, feita por atores e diretor brasileiro, o que é algo diverso, se não oposto).

Voltando a Diegues, cujos movimentos parecem despertar suspeita automática. É mera ridicularia pretender aprioristicamente que existe facilidade comercial em filmar *Tieta*. Pergunte ao mais ingênuo dos seres na rua se ele tem uma ideia de *Tieta*. Ele tem. Ele viu a novela. Ou leu o romance. Ou ambos.

É a essas imagens que o filme terá de suceder e de certo modo se contrapor, para existir. No que consiste a facilidade disso?

Da mesma forma, que mal existe, em si, em contratar tal músico ou tal figurinista? Eu entenderia quem dissesse que, por vezes, o filme é interrompido para que a música entre. Ou que certos personagens parecem ter sido sacrificados na montagem, de tal modo que entram em cena quase para constar, mas não chegam a existir.

Eu assinaria embaixo, aliás.

Mas não é isso que se diz. Acusa-se Caetano de "interessado" no filme (como se ele devesse gostar do filme porque fez a música, e não fazer a música porque se interessou pelo filme – é ao menos uma hipótese a considerar). Acusa-se Diegues de fazer *marketing*, como se essa fosse uma atividade criminosa, como se cineastas devessem fazer filmes, cruzar os braços e pular de alegria ao ver as salas vazias.

Não é informativo esse tipo de coisa, nem crítico. É só uma maneira de endossar o acriticismo vigente, a mania do "acho/ não acho", a desinformação.

Sejamos claros: assim como o cinema ainda desconhece um academismo triunfante – algo que se imponha em definitivo como a maneira "certa" de filmar ou narrar –, também comporta uma parte de "acho/ não acho". Como toda arte, a menos que se exclua a subjetividade, o que é literalmente impossível, nossa experiência pessoal é um ponto de referência básico.

Mas não pode ser o único. Chega a ser patético ver pessoas habitualmente inteligentes reclamarem das imagens "turísticas" de *Tieta*. Ok. Mas o que são as imagens do *Tabu* de Murnau, então? E isso por acaso impede que *Tabu* seja um dos filmes mais belos jamais feitos?

Diante de um objeto artístico – precário ou não –, o mínimo que se exige de alguém que tem a insana coragem de emitir um ponto de vista crítico é... que esse ponto de vista seja crítico. Que se procure entender o que alguém realizou e, dentro dos parâmetros desse entendimento, perceber o que há de bem ou malsucedido na empreitada.

Inevitavelmente erraremos, no mais. Inevitavelmente voltaremos atrás sobre alguns julgamentos anos depois. Ainda assim, esse é o único solo plausível que se pode pisar, nessa matéria.

Caso contrário, vamos confundir a propaganda do filme com o filme, faremos mera contrapropaganda, cometeremos diatribes rancorosas, cheias de palavras ocas (cinema nacional, nacionalismo, renascimento, mundialização), já que aplicadas a conteúdos apenas imaginados, não apoiados em qualquer fato.

Tieta, por ora, é só um filme. Nem o renascimento do cinema. Nem o esmagamento do cinema barato. Nem sinal de uma industrialização indesejável (ou desejável, tanto faz). Daqui a dez ou vinte *Tietas*, talvez se possa saber se um filme caro suscita "sobras" de capital para produzir filmes mais modestos e eventualmente mais criativos. Ou se, ao contrário, o Brasil tenderá a fazer três ou quatro filmes grandes por ano e, com isso, aniquilar jovens talentos.

Saberemos se isso é bom ou mau para o conjunto da produção. Poderemos discutir, até, se é desejável o Brasil produzir imagens ou não. Por ora, é tudo chute. Não trata de um filme, nem de um sistema de produção, nada.

É um festival de sentimentos ofendidos pela simples existência da coisa. Seria justo, desejável, que essas pessoas se encontrassem, fundassem cineclubes, revistas, enfim, praticassem cultura cinematográfica, em vez de se darem por ofendidas.

Não vejo artigos indignados porque as cinematecas vivem na tanga. Ninguém se alarma porque se perdem negativos e cópias de filmes. Ninguém fica ruborizado quando aparece publicado que Antonioni se tornou famoso por suas imagens "espetaculares" (como se fosse uma espécie de Spielberg italiano). Ao mesmo tempo, inchamos de orgulho quando *O quatrilho*, com sua fraqueza atroz, concorre ao Oscar.

Basta, no entanto, estrear um filme que suscite desconfianças e uma multidão de andrés bazins surge do nada, com a última palavra a dizer.

Tieta é um caso atual e paradigmático. Não é o único, nem esse hábito se restringe a filmes nacionais. Quando Francis Coppola fez *O poderoso chefão 3*, só faltou ser recebido a pedradas. Não interessava o filme. O fato de retomar a saga de Michael Corleone era, em si, prova de "oportunismo", de "comercialismo".

Quando Brian De Palma adaptou *A fogueira das vaidades*, o filme foi execrado a partir da opinião do autor do livro, sem que, ao menos, se concedesse que a adaptação foi feita contra o livro.

Nesses casos, como no de *Tieta*, pode-se aceitar muito bem que se tenham restrições aos filmes, ou que não se goste deles. Mas não é bem disso que se trata: em todos esses casos renunciamos à visão em troca de um prato pronto.

Quando Nelson Rodrigues era vivo, costumava ser tratado como um pornógrafo sem vergonha. Agora, imita-se desavergonhadamente seu estilo (sem suas ideias, claro). Glauber Rocha, vivo, era um fantoche do Golbery, vendido, canalha. Agora é um santo, um íntegro, que se opôs às mazelas da Embrafilme e condenou os rumos do cinema novo.

Queremos lendas, heróis, não pessoas de carne e osso, que podem errar ou acertar, fazer filmes que se apreciam ou não, mas que, antes de tudo, sejam vistos.

Tudo isso seria risível se não fosse tão rastaquera, se a cultura cinematográfica não agonizasse. Não dá para respeitar essa cultura do descompromisso, do comodismo. Ela desemboca na falta de critérios, de pontos de vista e, em última análise, de ética: na barbárie.

(*Folha de S.Paulo*, 22 set. 1996. Inácio Araujo/Folhapress.)

Crítica, cidadãos, consumidores

Sérgio Alpendre escreve me animando a buscar um espaço para esclarecimento a respeito das críticas de alguns leitores do *Guia da Folha* aos críticos e às suas cotações.

Já escrevi aqui sobre essas reclamações. Há algum tempo um leitor dizia que ele e seus amigos nunca estavam de acordo com as cotações recebidas pelos filmes.

Até onde consigo lembrar, o teor da última carta não é muito diferente. Lembro apenas que era de um músico.

Achei divertida a menção à profissão. Músico? Mas que músico? Toca na sinfônica ou na churrascaria? Toca bossa-nova ou sertanejo? Música barroca ou século XX?

A profissão pode não querer dizer nada...

Não falo mais sobre isso. Não é um problema de opinião, de saber ou não saber, nada. É um problema civilizacional. O sujeito não se vê como o cidadão que, diante de um texto que o convoca, de um modo ou outro, a refletir, discordar, acrescentar algum conhecimento etc. Ele é diferente. Se não está de acordo com o número de estrelas que aparece lá ele se sente lesado em sua condição de consumidor. É nessa condição que ele escreve e se queixa: a opinião do crítico não bate com a sua, o crítico deveria estar de acordo com o espectador.

Mas, em primeiro lugar, como? Alguns concordarão, outros não. O próprio quadro do *Guia* mostra como são diferentes as maneiras de ver filmes, de estar frente às imagens.

E, em segundo lugar, o crítico não existe para estar atrás do leitor, mas, ao contrário, para antecipar-se a ele. Como é, supostamente, um especialista, dedica-se ao estudo daquilo, vê filmes constantemente, passados e presentes, lê textos a respeito etc., ele é alguém que tem algo a ensinar ao leitor que aprecia aquela arte, mas de maneira esporádica, sem um compromisso maior. Ou, caso seja um espectador frequente, o crítico estará ao seu lado, é alguém com quem o leitor dialoga, discute, concorda, discorda etc.

Resumindo: a crítica – como atitude diante do mundo – não é para consumidores, mas para cidadãos. E o mundo se desenha mais para consumidores do que para cidadãos. Azar o nosso.

(*Blog Cinema de Boca em Boca*, 1º abr. 2013)

Mea-culpa

Uma pergunta frequente que se faz aos críticos: você já se arrependeu de algo que tenha escrito sobre um filme?

Acontece de às vezes, anos depois, eu topar com um filme de que gostei e pensar: por que diabos será que gostei desse negócio?

Acontece também o inverso, porém mais raramente.

A questão não é de arrependimento ou culpa, mas de perceber ou não algo no filme que nos desperta.

Por exemplo, o *Medida provisória*, do Lázaro Ramos: me pareceu um filme tão cheio de problemas quanto simpático. Quando escrevi a respeito vi apenas isso: o filme, ou melhor, "o Cinema".

Será que isso é certo?

O filme fez filas de virar o quarteirão. Para se ter ideia, nessa época de pouquíssima gente nos cinemas, havia filas para vê-lo. No Espaço Itaú Augusta, que não é de dar mole a filmes populares, duas das três salas foram para o *MP*.

Então ali tem algo que eu não percebi. E não é como *Marighella*, de que muita gente gostou porque era um guerrilheiro, morto pela ditadura e tal.

MP é um filme inteiramente ficcional. O governo anuncia que haverá uma compensação em dinheiro aos negros pelos anos de cativeiro de seus antepassados.

Na última hora, porém, decidem fazer uma "oferta melhor", quer dizer, em vez disso vão oferecer uma passagem a todos os negros para voltarem à África.

Alguns topam. Nem todos. Afinal, são brasileiros, não? Eram... Contra eles está o velho sonho de uma nação enfim embranquecida.

Os que não topam resistem.

Entra então um personagem que, me parece, deve ser uma grande responsável pelo sucesso do filme: a burocrata, personagem de Adriana Esteves.

Talvez ela não acredite na sublime intenção do governo. Talvez acredite apenas na burocracia, que significa, *grosso modo*, uma lei que nos ignora, que existe para ser palavra escrita. Algo com que nos deparamos todos os dias, que constitui uma forma diabólica da opressão, pois não se trata da burocracia italiana do tempo da Segunda Guerra, cujos meandros eram tão complicados (ou tornados tão complicados) que nunca os judeus chegavam a ser enviados para os campos de concentração (o que só aconteceu depois que os alemães entraram no país).

A burocracia brasileira serve para oprimir, tanto quanto o Exército e as polícias. Trabalham sempre para a gente rica, respeitável. Não para pobres (que sempre se veem diante de linhas embaraçadas e embaraçosas que só gente muito letrada entende – e, mesmo assim, bufa), que em geral são negros...

Ou uma personagem mais discreta, como a moradora do prédio, personagem de Renata Sorrah: ela apregoa não ser racista, mas, quando dizem que um homem negro deixará o edifício em que habita, logo lembra que a filha está procurando apartamento por ali (ou algo assim).

A isso corresponde uma oposição renitente dos negros. Eles representam a resistência a uma ordem autoritária, ou, antes, ditatorial, que não quer se mostrar ditatorial. Foi assim também nos governos militares, em modelo que hoje o bolsonarismo busca instaurar de maneira aperfeiçoada (isto é: ao mesmo tempo mais obtusa e assassina).

É esse sentimento de resistência, que se traduz numa espécie de comunhão da plateia com o filme, que se encontra nesta obra. É isso, me parece, que captura o espectador, que o chama a ser cúmplice do filme.

É, me disse alguém, um filme-catarse.

Me parece que muda o tom do cinema brasileiro de grande público, que na década anterior foi dedicado, para o bem e para o mal, à comédia.

Agora, 2022, é o sentimento do trágico que se impõe.

(Texto inédito, escrito para este livro)

4 REFERÊNCIA PARA A JOVEM CRÍTICA

HORIZONTALIDADE DA DISCUSSÃO E HORIZONTALIDADE DOS GÊNEROS

RUY GARDNIER

Para quem começou a se interessar por crítica em meados da década de 1990, o cenário era desolador. Não só não havia mais nenhuma publicação direcionada ao assunto – era o fosso crítico entre a *Filme Cultura* e a *Cinemais* –; nos próprios jornais diários e nas revistas que tratavam de cinema pelo prisma do entretenimento, a função de crítico era quase um casaco desconfortável, com os escribas fazendo o máximo para se distanciar do perfil analítico/estudioso típico dessa figura. Principalmente no Rio de Janeiro – onde me criei e se criou a primeira geração da *Contracampo* –, o clima era de irrelevância e banalidade da glosa, sem comprometimento ou tomada de partido. A esse cenário, uma revista de jovens cinéfilos furiosamente apaixonados só poderia responder com uma estratégia de conflito – e assim foi feito. Mas, dentro desse panorama, uma pessoa destoava absolutamente, fosse por ser de outra geração – fator menos importante –, fosse porque – aí sim – tivesse a fala doce e amorosa de quem parece aprender e, junto, fazer aprender a cada frase, comentando do mais vil ao mais genial, sempre buscando um ângulo que criasse questão ao cinema. Não uma questão ao filme ou à distração de quem vê. Ao cinema. E ao vínculo que ele faz com o mundo.

A evidência era que Inácio Araujo pertencia ao cinema. Não porque fosse roteirista de Carlos Reichenbach, montador e eventual diretor de um episódio do filme *As safadas*. Ele pertencia e pertence ao cinema porque o âmbito e o fôlego de seus questionamentos circunscrevem uma área de afeto e conhecimento, e essa relação é vivida de modo íntimo e intenso. Não eram as opiniões sobre os filmes (embora obviamente contassem muito) nem o estilo de escrita (ameno, conversador, enquanto na época queríamos algo taxativo e escandaloso) o que carregava a inspiração, mas a fluência e a transparência de estar falando de dentro de algum lugar que é o cinema – uma abstração que, na experiência, é muito palpável. Não o cinema como fascinação narcísica do olhar – esse tipo de crítico existe, mas sempre vai estar *fora*, como espectador absoluto e autossuficiente. Mas o cinema como instrumento de pensamento (na mesma época, Godard falava de cinema como um *"outil de pensée"*): como o ato de olhar e de mostrar nos engaja ao mundo, e como um enquadramento, um ângulo, um movimento de câmara, um olhar, engendram uma relação com o mundo.

É preciso notar que o crítico se forma com base no convívio cotidiano com a escrita e com o tipo de espaço que ele tem para escrever. Quando a geração da *Contracampo* vai ler os textos dele, eles são pílulas diárias sobre filmes na televisão e críticas um pouco maiores, mas, ainda assim, curtas. E o "estilo *Folha*", quase telegráfico, não favorece os argumentos longos. O que Inácio faz? Ele entabula uma conversa. Em vez de buscar a totalidade, ele abre uma porta de entrada e convida o leitor a compartilhar de suas impressões. "Impressões" talvez seja uma palavra por demais modesta – afinal, qualquer crítico tem seus valores e suas tomadas de posição –, mas Inácio sempre as apresenta como observações pontuais, falíveis, o que faz brotar uma forte sensação de empatia. É possível até questionar-se se isso é um método ou a tradução estilizada de uma sensibilidade. Mas a questão importante está em outro lugar: em que medida esse gesto cria uma horizontalidade para a discussão, em que bases ele estabelece *um campo*.

Outro elemento diferenciador, que hoje talvez pareça menos importante, mas na época era decisivo, é o modo como sua atuação nos "filmes da televisão" retomava as discussões sobre os autores norte-americanos defendidos na política dos autores da revista *Cahiers du Cinéma*. É claro que no Brasil, desde os anos 1960, tinha gente escrevendo muito bem sobre Nicholas Ray, Samuel Fuller ou Howard Hawks, mas todo esse legado parecia soterrado pela velha e preguiçosa divisão "cinema americano de entretenimento *versus* cinema europeu de questionamento". Vai buscar nessa época alguém pra comentar *Cão branco* ou *No silêncio da noite* como *instrumentos de pensamento* (e sensibilidade), do mesmo jeito que outros se aproximavam de Bergman ou Fellini. A horizontalidade da discussão se estendia à horizontalidade dos gêneros: não há cinema mais sério ou menos sério a partir de quão industrial era um filme, mas a partir das perspectivas do olhar ao qual o cineasta dá forma. Se o estilo de escrita era distinto desse novo grupo de críticos, funcionando mais como admiração do que como influência, na abordagem desses cineastas Inácio Araujo era 100% farol.

Mas não era só o texto. O texto, claro, é o que resiste ao tempo, é aquilo que as gerações futuras herdarão e avaliarão conforme o sentido que ele fará para elas. Mas naquele final de século havia um estigma de heroísmo de Inácio com seus amigos Jairo Ferreira e Carlos Reichenbach, um triunvirato que reunia amizade, realização cinematográfica e uma cinefilia aguerrida, personalíssima. Aquilo parecia um objetivo desejável de vida, talvez um equivalente cinematográfico ao trio concreto do Noigandres adaptado ao cinema. E ainda mais com a descoberta de *Cinegrafia*, a revista-zine em número único concebida por eles a partir da motivação de Eder Mazzini. A impressão era de que os três se completavam: se um era impetuoso e falastrão, outro era comedido e paciente; se um ia para a linha de frente, o outro fazia o trabalho de formiguinha. Se isso correspondia à realidade, naquele momento pouco importava: era uma imagem desejada de grupo, de amizade e de filiação radical ao cinema a que valia a pena dar continuidade.

Em seguida veio o contato pessoal. Primeiro por meio de uma entrevista com Reichenbach a propósito de uma retrospectiva de seus filmes no Festival Brasileiro de Cinema Universitário. Pouco tempo depois, eram Carlão e Inácio nossos primeiros grandes divulgadores, fosse em colunas de internet (nas "Cartas do Reichenbomber" do finado *ZAZ*), fosse privadamente ou em boca pequena. Mal sabem eles, mas são nossos padrinhos, os padrinhos que elegemos muito antes de saber se seríamos aceitos, e nos honra saber que também eles sentiram a "sintonia intergalaxial", termo genial de Jairo Ferreira para designar o que mantém o trio unido. Ao vivo, Inácio se parece com seus textos, e ao mesmo tempo difere. O aspecto ponderado, a abertura paulatina de caminhos e a disposição à troca definitivamente estão lá. No entanto, de forma reservada, deixa escapar um humor mais pronunciado e ri muito, ri com um riso franco de criança. Também, como seria de se esperar, em conversas privadas emite juízos mais cáusticos – e sempre engraçados, mantendo a generosidade do olhar, não necessariamente da avaliação – do que os que faz levar à tinta no jornal. O homem não é o texto nem precisa ser – ainda mais porque os dois têm alcances e proporções muito distintos. Sorte, então, de quem vivencia os dois e, assim, aproveita o sabor específico de cada modalidade. Fundamental é ter sabor, e disso a prosa de Inácio Araujo dá provas sempre que se manifesta.

EM TORNO DO CINEMA DE GÊNERO

TEXTOS SELECIONADOS DE INÁCIO ARAUJO

Film noir, um mundo sem inocentes

Num dos romances de Dashiell Hammett, um personagem censura o detetive Sam Spade por, em suas investigações, envolver inocentes. A resposta de Spade é seca: "Ninguém é inocente".

Esta pequena réplica define – ao menos em parte – o gênero que ficou conhecido como *film noir*, inaugurado em 1941 por *Relíquia macabra*, que a Globo exibe hoje às 00h35. Uma definição, na verdade, nada fácil: que o digam Raymond Borde e Etienne Chaumeton, que dedicam nada menos que quinze páginas de seu clássico livro (*Panorama do* film noir) tentando isolá-lo dos demais gêneros e tendências.

Em parte, isso se deve ao seu aparecimento tardio e à dificuldade de separá-lo do filme de gângsteres ou do policial. O *film noir* é, a rigor, uma particularidade do policial, que vigora nas décadas de 1940 e 1950, mas renovando-o integralmente. Transformam-se os heróis; já não mais homens de moral ilibada que combatem o crime mas não se envolvem com ele. Ninguém é inocente: a começar pelo detetive, geralmente particular, cuja ação se situa fora da polícia institucional e deve, portanto, embrenhar-se num universo menos fora da lei do que desprovido de leis. Nesse sentido, Sam Spade é um caso exemplar: cínico, profundamente individualista, amoral, a única marca de sua diferença em relação aos criminosos que persegue é uma curiosidade quase infinita.

Ninguém é inocente

Hammett é, também, o autor mais típico desse gênero (que, antes de cinematográfico, foi literário): em suas tramas extremamente intrincadas, o detetive é alguém que desconhece – tanto quanto o leitor ou espectador – as premissas da ação em que está trabalhando. Ninguém é inocente: o *film noir* introduz no cinema americano a ambiguidade moral e a leva às últimas consequências. Nada de policiais exemplares ou de vítimas desprotegidas. Nada de loirinhas vivendo às custas de gângsteres. O *film noir* é o domínio da ambiguidade, como nos lembra aquele pastor de *Mensageiro do Diabo*, de Charles Laughton, que tinha gravada, em uma mão, a palavra "amor" e, na outra, "ódio". Estamos, como dizem Borde e Chaumeton, na "*no man's land* do crime e da lei". Ou, se se preferir, num labirinto.

No que se refere à intriga, assim como às personagens, o *film noir* especializou-se em criar, na plateia, um mal-estar que vinha do fato de romper com os referenciais dos espectadores. Que nos lembremos das heroínas de *Macao*, de Sternberg, ou da doce Jean Simmons de *Alma em pânico*, de Otto Preminger, da Rita Hayworth aparentemente (e só aparentemente) ingênua de *A dama de Shanghai*, de Orson Welles. Ou, numa linha um pouco diferente, a Gloria Grahame de *Os corruptos*, de Fritz Lang, com seu rosto metade coberto por uma bandagem: expressão da convivência do Bem e do Mal na mesma pessoa.

Essa tendência que *Relíquia macabra* inaugura (de acordo com a afirmação jamais contestada do historiador Georges Sadoul)[47] representou também, para o cinema norte-americano, a introdução de um elemento psicológico que Hollywood até então desconhecera. Fritz Lang e Hitchcock se especializaram, nesse período, em criar situações e personagens antissociais. Fiquemos, apenas como

---

47 Poucos anos depois, o historiador Thomas Schatz vai sugerir que o ciclo do filme *noir* começaria, de fato, com os longas lançados em 1944, e que *Relíquia macabra* seria um dos antecedentes. [N. E.]

exemplo, no marido de Joan Bennett em *O segredo da porta fechada*, de Lang, ou no perverso assassino de *Pacto sinistro*, de Hitchcock. O *film noir* trouxe também o personagem edípico ao cinema, como o James Cagney de *Fúria sanguinária*, de Raoul Walsh, que apenas para agradar sua querida mãezinha cria algumas das mais cruéis situações mostradas pelo cinema. Edipiano é também o Glenn Ford de *Gilda*, perdidamente apaixonado pela mulher do homem que o adotou como filho.

Hoje em dia chega a ser difícil entender como o público da época aceitava certas intrigas quase incompreensíveis, como a de *Relíquia macabra*, em que Humphrey Bogart passa pelas piores situações atrás de uma estatueta que, no final das contas, nem valor tem: é o vazio da ação que está aí tematizado. Nenhum filme, porém, é mais representativo desse período do que *À beira do abismo*, de Howard Hawks, no qual, de acordo com Borde e Chaumeton, "se entreveem, nesta galeria de suspeitos e criminosos, relações de dominação complexas e cambiantes, baseadas no dinheiro, na chantagem, no vício e na delação. Quem matará? Quem será morto? É toda a ambiguidade de um meio criminal onde as relações de força mudam perpetuamente".

Irrealismo voluntário

Esse cinema sem inocência possível poderia, no entanto, ser definido por uma sequência: aquela, em *A dama de Shanghai*, em que Orson Welles e Rita Hayworth têm suas imagens refletidas ao infinito num jogo de espelhos: maneira de dizer, talvez, que numa só pessoa habitam infinitas pessoas, todas idênticas entre si e particulares, cada uma delas falsa e verdadeira. Porque o verdadeiro não é senão uma imagem no labirinto de imagens que são as relações pessoais ou sociais.

Difícil de definir, o *film noir* é também difícil de situar no tempo. Borde e Chaumeton assinalam 1949 como o início de sua decadência, em vista da imposição de um gosto cada vez mais realista (marcado pelo aparecimento de novos diretores, como Elia Kazan e Nicholas Ray, influenciados pelo Actor's Studio, ou, em outra direção, Samuel Fuller). É incontestável, mas certos elementos do *film noir* continuarão a existir ainda durante alguns anos: a influência da iluminação expressionista, o uso do branco e preto, do irrealismo voluntário, o gosto pelas intrigas intrincadas e pela investigação dos *bas-fonds* permanecerão atuais durante ainda algum tempo. Mil novecentos e cinquenta e cinco ou 1956 serão provavelmente os anos terminais dessa corrente[48].

Dizê-la morta a partir daí seria, no entanto, abusivo: é no *film noir* – em parte – que Godard se inspirará para seu *Viver a vida*, assim como Wim Wenders recorreu a um romance de Patricia Highsmith (a mesma de *Pacto sinistro*) para fazer seu *O amigo americano*, por certo a mais feliz retomada das ideias daquele período, que se poderiam resumir (com a deficiência própria a toda redução) como uma visão do universo em tanto que opacidade. E como afirmação da vida na renovação permanente desse mistério. Afinal, "esta é a matéria de que são feitos os sonhos" (*the stuff that dreams are made of*), como diz Sam Spade no último diálogo de *Relíquia macabra*.

(*Folha de S.Paulo*, 2 jan. 1984. Inácio Araujo/Folhapress.)

Showgirls é Robocop de topless
Showgirls (1995), de Paul Verhoeven

Showgirls chegou ao Brasil com a fama de "pior filme do ano" estabelecida nos EUA. A fama pegou e o estigma difundiu-se.

Nesses casos, qualquer argumento serve: há excesso de erotismo ou falta dele, a atriz é péssima, a história é cafona etc.

---

48 Hoje está mais próximo do senso comum que 1958, representado sobretudo por *A marca da maldade*, de Orson Welles, seria o ano que marcaria o fim do ciclo *noir*. [N. E.]

Não é tão simples assim. *Showgirls* é um *A malvada* de tanga, um *Robocop* de *topless*.

Do filme feito por Joseph Mankiewicz em 1950 (*A malvada*), *Showgirls* tira a história. É uma refilmagem, a rigor, da história da aspirante a atriz que usa de todos os meios para subir na vida.

Mas o essencial vem provavelmente de *Robocop*, filme dirigido pelo próprio Paul Verhoeven em 1987. Ali, como se sabe, um policial morto é recuperado, dotado de uma armadura, recheado de *chips* e colocado de novo a serviço da polícia, só que agora com poderes quase sobrenaturais.

Showgirls retoma essa ideia de armadura. A diferença – sensível – é que desta vez a nudez será a couraça das garotas que batalham, no palco, pelo estrelato.

É claro que ninguém se lembrou de considerar ridícula a atuação de Peter Weller em *Robocop* ou de reprovar-lhe a imobilidade facial.

No caso de *Showgirls*, não faltou quem enfatizasse a incompetência, ou suposta incompetência, de Elizabeth Berkley.

Ora, Berkley (aliás, Nomi Malone, sua personagem) é mesmo de uma inexpressividade inquietante – por nascença ou virtude. Só não se pode dizer que essa inexpressividade não seja funcional.

Nomi Malone é de um vazio atroz. É um Robocop com o rosto mascarado por quilos de purpurina, onde não se vê sinal de humanidade. Seus movimentos, mesmo quando dança, são robóticos, de um autômato.

É estranho que esse filme tenha sido condenado por "erotismo". Seu *parti pris* é notoriamente antierótico (o inverso de *Instinto selvagem*, do mesmo diretor).

A bailarina pode estar no mais sórdido palco de Las Vegas, ou no mais triunfal dos grandes hotéis: não há sensualidade nos gestos nem nos propósitos. Tudo que ela quer é vencer na vida.

Em relação a *A malvada*, *Showgirls* opera um ressecamento dos personagens a dimensões mínimas. No filme de Mankiewicz, Anne Baxter era alguém de uma ambição desmedida. No de Verhoeven, Berkley tem a mesma ambição, mas não é certo que seja "alguém", ou que possua outros atributos de humanidade.

Showgirls é um filme crítico a um estado de coisas em que os interesses mínimo e máximo das pessoas se equivalem: triunfar. Em vez da armadura do Robocop, Nomi Malone arma-se renunciando à alma, ostentando um corpo de boneca, puro artefato de indústria (de diversão).

Showgirls é um filme inquietante, nada acomodatício, na contracorrente, a quilômetros da insignificância.

(*Folha de S.Paulo*, 11 set. 1996. Inácio Araujo/Folhapress.)

Eizō Sugawa compõe conto do amor louco

Raros sonhos flutuantes/Tobu yume wo shibaraku minai (1990), de Eizō Sugawa

O Japão do fim dos anos 1950, quando Eizō Sugawa dirigiu seus primeiros filmes, certamente não é o mesmo de *Raros sonhos flutuantes* (1990), seu último filme até aqui.

O protagonista de *Desafio à vida* (exibido ontem na Mostra[49]), por exemplo, está mergulhado até a medula no inferno de uma guerra perdida. Já o personagem central de *Raros sonhos* vive em uma nação prodigiosamente rica.

Sugawa, nascido em 1930, é um homem formado na guerra e no pós-guerra. Assim, deixa marcas da continuidade entre o tom agônico do passado e o presente. Em *Raros sonhos*, por exemplo, o protagonista, Shuji, é um executivo rebaixado.

Logo no início, Shuji é internado num hospital. Como o hospital está lotado, ele divide o quarto com outra paciente, Matsuko.

Separados por um biombo, sem se verem, começam a conversar. O diálogo deriva para a poesia. Daí, para o amor. Sem nunca se verem, apenas com suas vozes, Shuji e Matsuko protagonizam um ato amoroso integral.

49 XX Mostra Internacional de Cinema em São Paulo.

No dia seguinte, Shuji entrevê Matsuko, uma provecta senhora de 67 anos, que logo deixa o quarto. Mas o vínculo entre os dois está criado. Ao sair do hospital, ele procura a mulher durante meses.

Quando a reencontra, Matsuko tem apenas 40 anos e Shuji fica sabendo que ela sofre de uma estranha síndrome que a leva a perder idade, ao contrário dos outros mortais.

O tom está dado: qualquer espectador sabe, desde então, que está frente a uma das mais delirantes histórias de amor já contadas.

Não será indiscrição dizer que é um amor impossível, pois, se Sugawa mitigou o niilismo do passado, foi em troca de um sentimento de serena infelicidade.

Talvez todos tenham vivido, em algum momento, uma história de amor em que um encontro anunciado, previsível, transforma-se em desencontro. Isso não basta a Sugawa: é preciso ainda que a imperfeição do desencontro seja colossal, hiperbólica, perfeita.

Se não fosse assim, Eizō Sugawa teria se transformado, na maturidade, num mero carbono de seu mestre Mikio Naruse.

Não é o caso. A poesia de Sugawa continua rude e múltipla como antes. O fracassado Izaki, de *Desafio à vida*, que não consegue sequer se suicidar, não é afinal tão diferente do Shuji de *Raros sonhos*. Para ambos, a vida se reveste de uma impossibilidade transbordante.

A diferença é que, em 1961, Izaki vivia a vida como um pesadelo voltado para o passado, e, em 1990, Shuji a vislumbra como sonho, como amor louco, transgressivo. Em 1961, o passado se avolumava, quase monstruoso. Em 1990, o futuro se apequena assombrosamente. Sugawa continua um poeta sombrio.

(*Folha de S.Paulo*, 26 out. 1996. Inácio Araujo/Folhapress.)

5

A COLUNA "FILMES NA TV"

"REVER É APRENDER": EXERCÍCIOS DE REVISÃO E SÍNTESE NAS CRÍTICAS CURTAS DE "FILMES NA TV"

LUCIANA CORRÊA DE ARAÚJO

Nos jornais, as colunas dedicadas a filmes exibidos na televisão costumam ser o reino dos textos de divulgação. As exceções demonstram que esse território pode se tornar um valioso espaço de crítica, *insights* e textos primorosos. É o que, para nosso deleite, podíamos encontrar nas críticas curtas assinadas por Inácio Araujo na coluna "Filme na TV", publicada pela *Folha de S.Paulo* até janeiro de 2017. Apesar de ter sido "interrompida", segundo a nota de esclarecimento do jornal, vou continuar a usar o verbo no presente para falar da coluna, porque os textos permanecem acessíveis *on-line*, o que proporciona constantes releituras e descobertas.

Embora as sinopses assinadas por Inácio Araujo durante anos também formem um riquíssimo material, este artigo vai se deter nas críticas curtas. É uma produção espantosa (milhares de textos!), que permite a Inácio um exercício constante de crítica, reflexão e síntese. Salvo engano, é a partir do início dos anos 1990 que começa a aparecer, ao lado das sinopses, um pequeno texto sobre um ou mais filmes da programação. A princípio, os textos apenas destacam os principais títulos. Logo passam a trazer reflexões e comentários que acabam por transformar aquele espaço limitado em luminoso território de análise crítica. Essas críticas curtas, absolutamente fascinantes, são um primor tanto em termos de análise quanto no que se refere à elaboração da escrita. Tudo sem ir além de uma média de 150 palavras, às vezes menos, raras vezes ultrapassando duzentas palavras. Os objetos dessas críticas costumam ser filmes já vistos. A coluna, portanto, não é movida pela novidade dos lançamentos. Ao contrário, sua grande força é voltar a filmes conhecidos ou pouco vistos para retomar leituras anteriores e desvendar novas relações.

Ao longo dos anos, um filme como *O diabo veste Prada* (*The Devil Wears Prada*, David Frankel, 2006) é constantemente revisado até que, uma década depois do seu lançamento, o crítico observa uma curiosa reformulação na hierarquia da indústria do consumo e do entretenimento. Se, em uma crítica de 2008, *O diabo veste Prada* é um dos "ótimos filmes para vagabundear" exibidos no dia (*Folha de S.Paulo*, 18 out. 2008), três anos depois há um redimensionamento do filme, que o próprio crítico explica: "Por que voltar a *O diabo veste Prada* agora? Porque, ao ser revisto, traz mais informação do que parecia à primeira vista, quando a moda ocupava mais ou menos a preocupação de todos" (*Folha de S.Paulo*, 4 nov. 2011). Para Inácio, "hoje fica claro que esse é um filme sobre modos e ritmos de vida", que "revela algo sobre a vida contemporânea que escapa a filmes mais pretensiosos". No filme, a exploração máxima incide sobre o tempo, "a mercadoria que a garota deve vender para sobreviver no mercado de trabalho". Esse mesmo tom domina a crítica de 2013, que aponta o embate entre trabalho e lazer como o essencial do filme (*Folha de S.Paulo*, 15 nov. 2013). No ano seguinte, em pouco mais de três linhas dedicadas ao filme, destacado entre outras atrações do dia, um desdobramento dessa "exploração máxima" é enfatizado: a violência. Há a "observação honesta" do influente mundo da moda, "que o filme se empenha em mostrar também violento (mas de uma maneira elegante, claro)" (*Folha de S.Paulo*, 10 out. 2004).

Dez anos depois do lançamento de *O diabo veste Prada*, Inácio continua a tomar o filme como gatilho para compreender modos e ritmos da vida contemporânea, agora mirando a década de 2010. Enquanto no enredo de 2006 o namorado da protagonista, personagem coadjuvante e eclipsado, é um cozinheiro "despretensioso, fora do mundo do consumo", hoje ele é "o cara da moda" (*Folha de S.Paulo*, 10 out. 2015). No ano seguinte, o crítico retoma sua argumentação: "a arte de ponta do Ocidente hoje é a culinária. Se houver continuação, o rapaz estará com tudo, jurado do Masterchef ou algo assim. Anne será a anônima da história. O mundo dá voltas" (*Folha de S.Paulo*, 26 out. 2016).

As críticas curtas a *O diabo veste Prada* ao longo dos anos exemplificam bem o investimento de Inácio Araujo na coluna enquanto espaço de constantes revisões e reflexões. Como não poderia deixar de ser, é o próprio crítico quem melhor define a dinâmica que impulsiona a coluna: "Rever é aprender".

Essa frase fecha a crítica na qual, a propósito da exibição na TV de dois filmes de Mazzaropi, Inácio faz considerações sobre comediantes populares aos quais pelo menos de início não se costuma dar valor. "O popular não raro parece popularesco", reconhece (*Folha de S.Paulo*, 18 jan. 2015). O crítico recupera a repercussão da morte de Roberto Bolaños, ocorrida menos de dois meses antes, quando humoristas brasileiros destacaram sua influência, e estabelece relação com Mazzaropi, que aponta como o mais longevo comediante brasileiro, "por tanto tempo desprezado (por mim, inclusive). Seu talento não apenas se manifesta no sucesso eterno na TV como cada nova reprise o reitera". Nesse texto fica claro mais uma vez como Inácio se vale do espaço de resenhar filmes exibidos na televisão, em geral já vistos, como estímulo para revisões historiográficas e da própria crítica, tomando como impulso não só os filmes, mas também acontecimentos recentes. Afinal, "rever é aprender", como resume de forma lapidar no final do texto.

A quantidade e variedade dos filmes exibidos no dia estimulam as comparações. Como forma de fazer uma costura entre alguns destaques da programação, o crítico não se acanha em estabelecer as conexões mais inusitadas, divertidas e, não raro, também preciosas em seu rigor de observação. O que poderia aproximar o documentário para a TV *Maria Lenk: a essência do espírito olím-pico* (Iberê Carvalho, 2012) do suspense de *A vila* (*The Village*, M. Night Shyamalan, 2004)? No início, ao introduzir o documentário, Inácio escreve que temos tanta pressa em criar lendas quanto em esquecê-las. Algumas linhas adiante, sem fazer nenhuma ligação, ele passa a comentar *A vila*, para concluir no final: "Um dos melhores Shyamalan, diretor que sofre o mesmo destino de outros bons cineastas: basta um ou dois fracassos para sua carreira entrar em parafuso. Hollywood é uma guerra" (*Folha de S.Paulo*, 5 nov. 2015). A aproximação entre os dois filmes se dá por uma via de argumentação mais sutil, que sugere mecanismos semelhantes no cinema e no esporte – ambos territórios de entretenimento e consumo –, movidos por critérios de produtividade e não de contribuição.

As conexões estabelecidas por Inácio Araujo, que, como crítico, continua exercendo seu admirável talento de montador, incluem inserções estratégicas de comentários sobre cinema brasileiro. Duas críticas curtas publicadas em 2010 sobre *Rebobine, por favor* (*Be Kind, Rewind*, Michel Gondry, 2008) propõem, em poucas palavras, estimulantes analogias com o cinema brasileiro, nenhuma delas formuladas na crítica mais extensa que o mesmo Inácio havia escrito na época do lançamento do filme, dois anos antes. No enredo, funcionários de uma locadora de vídeo que teve todas as fitas desmagnetizadas começam a refazer cenas de filmes de sucesso. Ao invés de rejeitar essas produções precariíssimas, os moradores do bairro se entusiasmam pelas novas versões e voltam a frequentar a locadora.

As reflexões suscitadas pelo filme levam Inácio a fazer associações com a produção brasileira. Diante da questão "o que justifica o sucesso de realizações locais?", ele argumenta: "De algum modo, o público gosta de ver em cena o rapaz da padaria, a garota do bairro, a tia do amigo etc. É assim desde os tempos de Cataguases: a imaginação de Gondry é muito mais realista, aqui, do que possa parecer" (*Folha de S.Paulo*, 14 ago. 2010). A breve referência a Cataguases conecta o filme de Gondry aos focos de produção que ocorreram nos anos 1910 e 1920 em cidades fora do eixo Rio-São Paulo, entre as quais estava a mineira Cataguases, onde Humberto Mauro realizou seus primeiros filmes. Em outra crítica curta, a relação será com a chanchada. Inácio identifica em *Rebobine, por favor* o mesmo princípio da chanchada brasileira: "replicar do modo possível filmes célebres da história do cinema" (*Folha de S.Paulo*, 13 mar. 2010).

As constantes comparações e inserções que estabelecem vínculos com o cinema brasileiro, como na maior parte dos exemplos citados, não deixam de ser uma estratégia para subverter tanto a hierarquia valorativa quanto a dinâmica comercial que fundamentam o domínio do modelo hollywoodiano, hegemônico na programação da TV assim como nas salas do circuito exibidor comercial. Por meio de diálogos, aproximações e confrontos com o cinema brasileiro, Inácio propõe compreender esse modelo dominante sob outras perspectivas. Também não escapam ao crítico as ambiguidades das produções brasileiras que procuram reproduzir o modelo hollywoodiano. Nesse sentido, um dos comentários mais precisos está formulado na crítica curta de *Segurança nacional* (Roberto Carminati, 2010).

Seguindo boa parte da recepção crítica por ocasião do lançamento, cinco anos antes, começa reconhecendo que o filme "é meio ridículo" (*Folha de S.Paulo*, 23 ago. 2015). No entanto, em vez de descartá-lo ou se deter nas ingenuidades e no humor involuntário, aspectos ressaltados por outros críticos, Inácio procura entender a razão de tantos equívocos. Afinal, o filme pode ser meio ridículo, "mas não é desinteressante tentar saber por que chega a isso". Nesse filme, que explora "o repertório habitual de muitos filmes de ação", qual seria o problema? "Comecemos por dois", escreve Inácio: "a) quer ser um filme americano, b) não é um filme americano". A Abin não é a CIA, Thiago Lacerda não é Stallone, e, "à força de ter a imitação como fim, o filme produz uma paródia de filme de ação americano".

Na conclusão, o crítico só precisa de 36 palavras para fazer uma análise certeira do descompasso do filme, que tem origem não só em questões cinematográficas, mas sobretudo em diferenças fundamentais entre a sociedade norte-americana e a brasileira: "Mais do que tudo: o cinema americano baseia-se em grande medida num pacto entre o espectador e suas instituições. O Brasil se funda sobre uma profunda desconfiança, quando não rejeição das instituições. Não podia dar certo". É uma argumentação precisa e preciosa, que fornece uma chave de compreensão capaz de iluminar vários outros filmes brasileiros. Não são frequentes os trabalhos acadêmicos, por vezes tão extensos e pretensiosos na sua retórica, que alcançam uma contribuição tão valiosa como a dessas poucas linhas.

Ainda na esfera dos filmes brasileiros, a coluna de filmes na TV pode se tornar trincheira de resistência contra o esquecimento de obras pouco vistas e que não foram devidamente reconhecidas no lançamento e tampouco depois. Talvez o exemplo mais evidente seja *O viajante* (1998) de Paulo César Saraceni, que Inácio considera "a obra-prima brasileira da década", no texto em que faz um balanço do cinema brasileiro dos anos 1990 (*Folha de S.Paulo*, 12 mar. 2001). Pouco tempo depois do lançamento, o filme já aparece em uma crítica curta que, a propósito da exibição de *Natal da Portela* (1988), faz questão de ressaltar a singularidade de Saraceni, "talvez o diretor brasileiro de cinema mais subestimado" (*Folha de S.Paulo*, 12 abr. 2000). Ao desprezo pelos "motivos mais estapafúrdios" usados para atacar o então recente *O viajante*, seguem-se considerações sobre *Natal da Portela*, cuja desenvoltura ao narrar a história, no tratamento dos tempos e em certas interpretações "pode até parecer 'defeito'". "Não é. Saraceni é o fiel da balança. É o cinemanovista que ousa; quando não quebra a cara, inventa e espanta", sintetiza Inácio.

O apreço pelo cinema de Saraceni e em particular por *O viajante* será reiterado diversas vezes nos anos seguintes. Em uma crítica, pode comparar o "momento decisivo" em *No tempo das diligências* (*Stagecoach*, John Ford, 1939) e em *O viajante* (*Folha de S.Paulo*, 19 set. 2016). Em outro dia, toma como gancho os fantasmas da programação, reunindo filmes tão distintos quanto *Ghost: do outro lado da vida* (Jerry Zucker, 1990), *O escritor fantasma* (*The Ghost Writer*, Roman Polanski, 2010) e *O viajante*, a "formidável viagem ao interior do catolicismo mineiro", na qual a personagem interpretada por Marília Pêra seria assombrada pelo fantasma do filho, "o culpado de sua solidão e de sua vida sacrificada" (*Folha de S.Paulo*, 7 abr.

144

2014). Também abre espaço para *O viajante* ao comentar brevemente três filmes de primeira linha programados naquele dia pelo Canal Brasil. Para ele, o penúltimo filme de Saraceni "é talvez o último grito do cinema novo, de um à vontade diante do mundo (e por trás da câmera) que deixou a plateia estarrecida e atônita. Uma pena: o cinema ali é a única coisa que pode ser – um exercício de liberdade" (*Folha de S.Paulo*, 13 nov. 2012).

As críticas curtas que abordam *O viajante* não só desdobram aspectos já presentes na crítica mais extensa, quando do lançamento do filme (*Folha de S.Paulo*, 4 fev. 2000), como também trazem novos enfoques e podem mesmo concentrar em poucas linhas a força do filme e o arrebatamento do crítico, a exemplo do texto publicado poucos anos depois da estreia. Diante do "fracasso retumbante" de *O viajante*, que trata "da maneira de vivenciar a fé", Inácio reitera a magnitude do filme:

> Na busca do "mercado", não existe lugar para o cinema brasileiro tratar de coisas com tão pouco *glamour*. E que, no mais, exime-se de retomar velhas questões como identidade nacional, realidade brasileira, viabilidade do país. Não, Saraceni nos leva ao inferno da fé, enquanto Mário Carneiro cria uma luz em que o fogo do inferno parece iluminar os personagens, e Marília Pêra faz uma verdadeira possuída. É um filme para quem ama cinema. (*Folha de S.Paulo*, 11 nov. 2002).

Mesmo comentando os filmes mais diversos, sem se deixar aprisionar pelos limitados critérios do que seria "o bom cinema", Inácio não se exime de expor suas preferências. Como acontece em relação a *O viajante*, faz questão de retornar a todo momento ao seu panteão de filmes e autores. Nesse sentido, adota uma postura que descende diretamente das linhas de pensamento e de exercício crítico que caracterizaram a revista *Cahiers du Cinéma* e sua política dos autores, sobretudo ao longo dos anos 1960, antes da virada editorial pós-1968. O próprio Inácio reconhece a grande contribuição que esse período da revista teve para sua geração, "a quem apresentou uma penca de cineastas importantes e abriu os olhos para os cinemas novos que surgiam" (*Cinema de boca em boca*, 9 jul. 2009).

É, portanto, no melhor estilo "hitchcock-hawksiano" (para retomar a expressão do célebre artigo de André Bazin, "Como se pode ser *hitchcock-hawksiano?*") que Inácio, autor do livro *Alfred Hitchcock: o mestre do medo*[50], vai destilar ao longo de inúmeras críticas na coluna de filmes na TV seu amor incondicional por Howard Hawks. A relação com os *Cahiers* é explicitada no texto dedicado a *O inventor da mocidade* (*Monkey Business*, 1952), todo ele estruturado em citações do crítico e realizador Jacques Rivette, que editou a revista a partir de 1963 (*Folha de S.Paulo*, 1º jun. 2013). Nas críticas curtas, Inácio insiste especialmente na centralidade dos objetos nos filmes de Hawks. Ao escrever sobre *El Dorado* (1967), parte da questão "O que é viver com uma bala no corpo?" e alcança dimensões inusitadas (*Folha de S.Paulo*, 8 out. 2013). Para Inácio, "a bala constitui não propriamente uma metáfora, mas um belo *insight* do que seja o faroeste". E eis que, sem avisar, o crítico embaralha cinema de gênero com nossos sentimentos mais íntimos: "Porque entendemos de imediato que se até John Wayne carrega sua bala e suas dores, a bala que o atrapalha nos piores momentos, assim é com cada um de nós. Lembranças, perdas, sofrimentos – são todos sucedâneos de balas no corpo".

E assim, entrelaçando a materialidade e a subjetividade do cinema, o pensamento crítico e a qualidade literária da escrita, é que Inácio Araujo melhor enreda o leitor na trama dos filmes e do mundo. Rever, aprender.

---

50 *Alfred Hitchcock: o mestre do medo*, São Paulo: Brasiliense, 1982.

6

ENSINO DE CINEMA

ENSINAR CINEMA É UMA ARTE

LAURA LOGUERCIO CÁNEPA

Uma das muitas funções desempenhadas por Inácio Araujo na formação cultural de cinéfilos e pesquisadores foi (e ainda é) a de professor do curso Cinema: História e Linguagem, criado em 1999, em São Paulo, após sugestão de Rodrigo Naves, e reeditado de forma ininterrupta desde então em diferentes endereços da cidade. O próprio Inácio relata que a ideia do curso surgiu, em parte, de um desejo de conhecer seus leitores, cujo número se ampliava com o enorme crescimento da *Folha de S.Paulo* nos anos 1990. O curso surgiu, assim, como uma forma de estabelecer um contato mais direto com os leitores (curiosamente, pouco antes da popularização da internet nos anos 2000), mas também de formar plateia, algo fundamental em qualquer país ou cidade que deseje uma vida cultural interessante. Até 2019, o curso acontecia às segundas-feiras à noite e às terças-feiras pela manhã, no Anexo do Espaço Itaú de Cinema, no número 1470 da rua Augusta, na região central da cidade de São Paulo. Com a pandemia da covid-19, a partir de 2020, o curso passou a ser ministrado em plataforma virtual, nas noites de segunda-feira, atraindo alunos do Brasil inteiro.

Concebido em 1998, o curso Cinema: História e Linguagem é composto de duas partes: Cinema Clássico, no primeiro semestre, dividido em três módulos; e Cinema Moderno, no segundo semestre, dividido em dois módulos. No primeiro módulo, "Surgimento do cinema e formação da linguagem", nove encontros são dedicados a discutir noções gerais sobre história e linguagem do cinema e os principais momentos do cinema mudo, desde o primeiro cinema até as vanguardas e o cinema clássico. Então, o módulo "A era clássica: o cinema de gênero" discute a construção do modelo hollywoodiano e alguns de seus principais gêneros, com destaque para

151

trabalhos de Raoul Walsh, John Ford, Ernst Lubitsch e Anthony Mann. Em seguida, o módulo "Na passagem do clássico ao moderno" traz grandes autores (Jean Renoir, Yasujiro Ozu, Alfred Hitchcock e Howard Hawks) comentados por Inácio, e grandes temas da realização cinematográfica (roteiro, direção, montagem) abordados por convidados como Cristina Amaral e Joel Yamaji. Esse módulo conta ainda com uma aula sobre os filmes B de Hollywood e sobre o classicismo brasileiro, destacando o trabalho de Humberto Mauro. Na segunda parte do curso, Cinema Moderno, iniciada no segundo semestre, entram em cena filmes de Orson Welles, Roberto Rosselini, Ingmar Bergman, Samuel Fuller, Michelangelo Antonioni, François Truffaut, Jean-Luc Godard, Alain Resnais e Glauber Rocha. Finalmente, no quinto e último módulo do curso, chegamos a nomes como Clint Eastwood, Éric Rohmer, Brian De Palma, Abbas Kiarostami e Rogério Sganzerla.

A bibliografia traz um grande número de pesquisadores e críticos brasileiros, como Paulo Emílio Sales Gomes, Jean-Claude Bernardet e Ismail Xavier; pesquisadores da nova geração como Luciana Corrêa de Araújo, Cecilia Sayad, Adilson Mendes e Luiz Carlos Oliveira Júnior; cineastas como Glauber Rocha, David Mamet e Robert Bresson; pesquisadores estrangeiros como Isabelle Marinone, David Bordwell, Thomas Schatz, Jacques Aumont e Mark Cousins – além, é claro, de críticos e teóricos incontornáveis como Jean-Louis Comolli, André Bazin e Rudolf Arnheim.

Embora tivesse planejado frequentar o curso desde 1999, ano em que me mudei para São Paulo, só o consegui em 2012, um ano atípico: com a triste notícia da morte de Carlos Reichenbach, em junho, esse grande profissional e amigo de Inácio que palestraria sobre direção de cinema precisou ser substituído por Andrea Tonacci – aliás, se Carlão e Tonacci ainda estivessem conosco, estariam com toda a certeza entre os autores reunidos aqui neste livro. Nesse contexto específico de 2012, a aguardada aula sobre *Filme demência*, obra essencial de Carlos Reichenbach que contou com Inácio como corroteirista e ator, tornou-se inesquecível, tanto pela análise inspiradíssima desse filme, quanto também pela emoção que foi ouvir o Inácio falar sobre a relação de amizade e admiração com o Carlão.

Naquele ano, eu estreara havia pouco tempo como professora de História do Cinema na Universidade Anhembi Morumbi e desejava aprender mais sobre esse ofício. Assim, do mesmo modo que Inácio havia sido um dos autores que me haviam inspirado a, nos anos 1990, estudar jornalismo, ele também me ensinaria muito sobre como dar aulas de história do cinema, por várias razões.

Primeiro pela segurança com que ele edita o curso, escolhendo bibliografias, filmes e cineastas que lhe permitam produzir um panorama ao mesmo tempo pessoal (como um curso desses sempre é) e capaz de dar bases para que se conheça a história do cinema. Não se trata de criar uma enciclopédia do tipo "1000 filmes que você precisa ver", mas de propor uma seleção baseada em algo relevante a ser dito sobre as obras em questão. Assim, Inácio, formado na cinefilia francesa, não tem medo de basear as próprias aulas nas obras cinematográficas de grandes autores de diferentes países, como Brasil, Estados Unidos, Japão, Irã, Itália e França.

Outra lição, sempre tão difícil de cumprir em aulas na universidade (onde a exibição de filmes por vezes é confundida pelos alunos como atividade opcional, ainda mais em tempos de *torrent* e *streaming*), é insistir na exibição dos filmes completos, vistos sob a perspectiva de uma experiência compartilhada que, afinal, é o que define o cinema. A projeção dos tão usuais trechos de filmes faz parte da segunda parte das aulas, quando se inicia a discussão de cada obra vista, mas isso não obscurece a completude de cada filme nem a lembrança imediata dele. Rever (ou, para muitas pessoas que fazem o curso, ver pela primeira vez) grandes filmes como *Tabu* (F. W. Murnau, 1931), *A besta humana* (Jean Renoir, 1938) e *Guerra sem cortes* (Brian De Palma, 2007) é sempre uma redescoberta e respeita a integridade de obras escolhidas como fundamentais.

Com Inácio também aprendi esta lição: desenvolver uma conversa tranquila e sem pressa, que leve em conta a contextualização histórica, as informações de bastidores, a exposição mais abrangente da obra de cada realizador, e também, claro, a análise fílmica propriamente dita. Para isso, a tão comentada capacidade de síntese encontrada nos textos de Inácio se confirma ao vivo, mas vemos que isso só é possível quando jornalismo, análise crítica e erudição se combinam da maneira tão específica quanto no trabalho dele.

E, claro, temos a lição mais importante: admirar os filmes indisfarçadamente, mas sem qualquer tipo de condescendência. No curso, Inácio consegue expor um misto de apreço artístico e respeito à história, às obras e à experiência de assistir a elas. Esse equilíbrio delicado acabou me fazendo olhar para o ensino de cinema como uma arte, na qual desde então venho tentando me aperfeiçoar.

LEITURAS DE HISTÓRIA DO CINEMA

TEXTOS SELECIONADOS DE INÁCIO ARAUJO

Mostra traz filmes japoneses inéditos

A mostra Grandes Momentos do Cinema Japonês, que se abre hoje com a exibição de *Silêncio* e *Vida de casado*, começa por fazer justiça à cidade: São Paulo é provavelmente a cidade do Ocidente que melhor conheceu e, seguramente, a que mais amou o cinema japonês dos anos 1950 e 1960; nada mais justo, portanto, que tudo comece por aqui.

Naquele tempo, o Japão estava longe de ser um país na moda. Era conhecido pela farta produção de vilões para os filmes de guerra feitos nos Estados Unidos e como fornecedor de ruidosos rádios Spika, de pilha, para os operários da construção civil. Mas os cinéfilos paulistas já faziam fila junto com a colônia em frente aos quatro cinemas que, então, existiam na Liberdade.

Até mesmo um Grupo de Estudos Fílmicos (GEF), autor de um precioso livro sobre o assunto, chegou a se constituir. Nas páginas de *O Estado de S. Paulo*, Rubem Biáfora todos os domingos dava dicas para os aficionados. O fato de a crítica brasileira ter descoberto um cineasta como Ozu muito antes da europeia (que só veio a conhecê-lo nos anos 1970) deve-se em grande parte ao estilo independente de Biáfora e, por extensão, ao crítico e historiador José Fioroni Rodrigues, que começou a frequentar os filmes japoneses ainda nos anos 1940.

Quatro companhias enviavam seus filmes regularmente para o Brasil: Toho, Toei, Shochiku e Nikkatsu, sem contar a Shintoho, falida em 1961. O resultado era uma amostragem invejável, embora imperfeita, como tudo. Uma das provas disso é o fato de que os filmes de Kenji Mizoguchi não costumavam chegar ao Brasil (ele era contratado da Daiei), e ele nem sequer chegou a merecer um verbete no livro do GEC, embora fosse o cineasta japonês mais respeitado fora do Japão (em nível crítico, era até mais apreciado que Kurosawa). Outra prova são os doze filmes inéditos, entre os catorze que serão exibidos no MIS e na Sociedade Brasileira de Cultura Japonesa, graças à Cinemateca Brasileira e à Fundação Japão, patrocinadores do evento.

Três gerações

A mostra está longe de esgotar o time dos diretores japoneses importantes, como reconhece Tadao Sato. Ela inclusive exclui nomes que são verdadeiras paixões dos cinéfilos dos anos 1950-60, como Tomu Uchida, Eizō Sugawa ou Susumu Hani, entre outros. Nem é esse seu objetivo, e sim fornecer uma amostragem sintética de um momento em que se cruzaram três gerações de realizadores: os vindos do mudo (Ozu, Mizoguchi, Gosho, Kinugasa, Naruse), os que floresceram no pós-guerra (Kurosawa, Kinoshita, Kobayashi, Tadashi Imai) e, ainda, os surgidos na virada dos anos 1950-60 (Imamura, Oshima, Yoshida). Ainda que, entre si, esses diretores mostrem diferenças profundas de estilo e visão das coisas, o espectador fatalmente notará o corte operado pela época em que se formaram.

No mais, a mostra supera o que tem de incompleta graças ao ineditismo de doze dos catorze filmes. Alguns são básicos para a cinematografia mundial: *Era uma vez em Tóquio*, de 1953, é o filme que revelou Yasujiro Ozu na Europa. E mais: um filme que deixou os europeus boquiabertos, absolutamente surpresos de descobrirem um diretor não só à altura de Mizoguchi (tido em qualquer listagem séria como um dos grandes entre os maiores realizadores de todos os tempos), como talvez até superior.

Ozu e Mizoguchi, os dois gigantes da era clássica, eram em tudo e por tudo temperamentos opostos. Ozu era capaz de rejeitar uma sugestão apenas por julgá-la de realização complicada. Fixava sua câmera quase à altura do chão, raramente a movimentava, e acabava extraindo daí resultados tão imprevisíveis quanto assombrosos. Aqui em São Paulo tem sido possível ver seu *Bom dia* (1959) e quem vê se encanta, com toda razão. Pois bem, *Bom dia* é um filme menor perto de *Era uma vez em Tóquio*, discreto e abissal mergulho nas relações familiares, onde temas como velhice, solidão, pequenas ambições, dedicação ou ingratidão filiais – sempre recorrentes em seu repertório – se encontram com uma força raramente atingida pelo cinema ou qualquer outra arte.

Ao contrário de Ozu, Mizoguchi ganhou entre seus colaboradores o apelido de "sanguessuga diabólica", tal o nível de exigência e a complexidade de cada um dos planos-sequências que elaborava, sua marca registrada. Esse perfeccionista, que gastava todo seu dinheiro em bordéis, tomou a mulher como tema privilegiado. Em *Os amantes crucificados* (1954), filme de sua última fase, o amor proibido entre uma mulher casada e um funcionário é o principal foco de atenção do cineasta.

Para se ter ideia da sofisticação da nipocinefilia paulistana, basta recorrer às anotações de um deles, o poeta Orlando Parolini, ex-crítico do *São Paulo Shimbun*, que em apenas um ano assistiu a mais de cem filmes japoneses e via Kurosawa com certo desdém: "Um confeiteiro". Exagero à parte, de Kurosawa será possível ver um inédito de início de carreira, *Não lamento minha juventude*, de 1946.

Anos 1960

A lista do primeiríssimo time está longe de se esgotar por aí. A tradição intimista vem representada ainda por dois monstros sagrados: Mikio Naruse – outro cineasta da mulher, mas numa direção diferente de Mizoguchi – e Heinosuke Gosho. Em ambos, mas especialmente em Gosho, o ritmo particular do cinema japonês, bem mais lento do que o ocidental, é marcante. Em ambos, a paixão pelo detalhe é acentuada. De Gosho, será mostrado *De onde se avistam as chaminés*; de Naruse, *Vida de casado* e *O amor que não morreu*.

Da geração dos anos 1960, o nome mais conhecido é Shohei Imamura, ganhador da Palma de Ouro em Cannes com *A balada de Narayama*. Sombrio, sensual, de um realismo duro, não raro voltado à perversidade, Imamura é um crítico feroz do Japão contemporâneo. Sobre *O profundo desejo dos deuses* (1968), ele disse em entrevista ao crítico francês Max Tessier que "quis mostrar estas pessoas bem à margem da sociedade japonesa moderna, muito artificial e pretensamente democrática [...]. Para mim, a cultura do sul é mais real e é um meio de criticar a civilização industrial moderna do Japão". Filme de ritmo lentíssimo, *O profundo desejo* é, segundo Tessier, "a última exploração do autor da 'origem dos japoneses' e de uma forma de sociedade primitiva, onde prevaleceria ainda uma noção lúdica da vida, se opondo à ordem e ao culto do trabalho no Japão moderno".

Masahiro Shinoda abre a mostra com *Silêncio* (1971) e é talvez o mais discutível dos nomes presentes à mostra. É estranho sem deixar de ser estetizante, e Max Tessier o considera apenas "o terceiro *outsider* da Shochiku, com Nagisa Oshima e Yoshishige Yoshida". Já Seijun Suzuki teve trajetória um pouco diferente da dos seus parceiros de geração: a princípio considerado apenas um bom diretor comercial, terminou se tornando ídolo de estudantes e intelectuais. Acabou despedido da Nikkatsu, cujo presidente considerou seu *A marca do matador*[51] (1967) "incompreensível". Suzuki deu a volta por cima e se impôs como autor de primeira linha, o que seu *Vida cigana* (1980) tentará demonstrar.

Portal do inferno

Entre os diretores da geração do pós-guerra, vêm, além de Kurosawa, Kaneto Shindo (discípulo de Mizoguchi, muito conhecido por *A ilha*

---

51 Posteriormente conhecido como *A marca do assassino*. [N. E.]

nua e *A mulher diaba*), com *Árvore desfolhada* (1986), o irregular Kon Ichikawa, com *As irmãs Makioka* (1983), e Keisuke Kinoshita. Kinoshita é o mais importante dos três: um experimentador por excelência, analista da sociedade japonesa do pós-guerra, maravilhou os cinéfilos paulistas com *Os murmúrios do rio Fuefuki* (1958), filme colorido à mão, fotograma por fotograma. Dele são os dois não inéditos da mostra: a comédia *A volta de Carmen* (1951), que inaugurou a era da cor no cinema japonês, e *Sublime dedicação* (1954). O gosto experimentalista de Kinoshita ainda se mostrava muito vivo em seu último filme mostrado no Brasil, *Pais e filhos*, em 1982.

Por fim, não por último, vale dar toda atenção a *Portal do inferno* (1954), de Teinosuke Kinugasa. O autor está no primeiríssimo time dos diretores que vieram do mudo. Um dos mestres que contribuíram para impor o épico como uma das vertentes fundamentais no Japão, seus filmes são considerados deslumbrantes sobretudo pelo esplendor visual. *Portal do inferno* tornou Kinugasa famoso internacionalmente. Com ele, ganhou a Palma de Ouro em Cannes e o Oscar de melhor filme estrangeiro. Honrarias não são um critério máximo para aferir um filme, sem dúvida, mas não são necessariamente o último. O início dos anos 1950 é o momento em que o cinema japonês começa a chegar com força ao Ocidente, graças, com frequência, aos festivais internacionais. É o momento em que começa, também, seu "período de ouro", quando, como disse Jairo Ferreira, ex-crítico do *São Paulo Shimbun* e da *Folha*, só a cinematografia norte-americana rivalizava com a japonesa. Não era um radical: para muitos, nem os americanos chegavam aos pés dos japoneses.

(*Folha de S.Paulo*, 21 jun. 1988. Inácio Araujo/Folhapress – o texto saiu creditado a Ismail Xavier; o erro foi anunciado na edição seguinte.)

Reichenbach: malvisto e malconhecido

A questão central do cinema de Carlos Reichenbach é encontrar o homogêneo no seio do heterogêneo. Suas personagens, no interior de um mesmo filme, são as mais diversas possíveis. Um professor cultíssimo e niilista namora uma operária especializada e batalhadora (*Amor, palavra prostituta*), uma garota negra é apaixonada por um branco nazista (*Garotas do ABC*), duas adolescentes deixam-se fascinar por um refugiado político (*Dois Córregos*) etc.

Estilisticamente, os filmes apresentam o mesmo tipo de contraste, podendo variar do drama existencial à chanchada no espaço de alguns fotogramas, para depois passar ao musical ou ao policial. Essa operação não é simples, nem é difícil o espectador ficar um tanto perplexo diante do que vê, sem saber ao certo se deve rir ou não, porque Carlão não apenas transtorna a lei dos gêneros, como também os nossos hábitos de percepção.

Ninguém deve se sentir desconcertado diante disso – muitos especialistas já ficaram, e não à toa sua obra levou anos para ser descoberta. Se chamo atenção para ela é porque esse tipo de *mise-en-scène* me parece exprimir, no mais alto grau de inteligência cinematográfica, o Brasil, seus abismos sociais, seus contrastes gritantes e, sobretudo, a principal característica deles, que é a contiguidade. Nos filmes de Carlão Reichenbach, o bom e o mau gosto, o homem culto e o cafajeste rematado, o torturado existencial e o vigarista são invariavelmente contíguos, não raro convivem no mesmo bairro ou rua. Pode-se dizer que isso não é raro em outras cinematografias. Vejamos um caso banal: homem rico encontra órfã, conversa com ela, convida-a para uma festa, faz amizade, começa a paquerá-la. Ou ainda: dramaturgo de sucesso na Broadway topa, incógnito, com garçonete com ambição a escritora, que despreza os sucessos da Broadway. Existe um evidente contraste entre esses personagens. No entanto, sabemos que fazem parte do mesmo mundo, que seu falar, seus rostos, seus hábitos de algum modo os identificam, os aproximam, na medida em que fazem parte de um mesmo universo de valores e mesmo cultural.

Essa solidariedade que podemos encontrar na sociedade norte-americana ou europeia (onde a riqueza não implica necessariamente diferenças culturais acentuadas) está longe de existir nos filmes brasileiros, e me parece mesmo uma das razões por que o espectador custa a se identificar com eles. Ou não se identifica nunca, porque busca uma solidariedade que existe nas convenções cinematográficas, mas, no nosso caso, não se dá na vida cotidiana, em que vigora uma espécie de *apartheid* social. Daí, quando os personagens de Carlão dialogam, eles em geral falam em dois níveis distintos, de certa forma irredutíveis um ao outro, o que lhes dá uma aspereza particular.

Se *Anjos do arrabalde* é, de todos os seus filmes em que eu não estive envolvido (*Lilian M, Amor, palavra prostituta, Filme demência*), o meu preferido, isso decorre em grande parte pela capacidade de encontrar a diversidade mesmo em um meio social determinado. Em *Lilian M*, para exemplificar com o filme que instaura esse "sistema Reichenbach", digamos assim, a protagonista é uma mulher do campo que vem para a cidade e se relaciona com os mais diversos tipos de homens (trapaceiros, grileiros de terra, funcionários, torturadores).

Em *Anjos...*, a ação gira em torno de algumas professoras de uma escola de periferia. Tão centrais quanto elas são os tipos que as cercam: um jornalista culto e niilista, um retardado mental, um inspetor de escola, uma manicure bonita, um delegado, um advogado de porta de cadeia.

Tudo os credencia a estar em filmes absolutamente distintos. No entanto, estão todos ali, atraídos por uma espécie de ímã, ora procurando impor aos outros sua visão das coisas, ora apenas sobrevivendo como é possível.

As professoras, todas amigas, deixam clara essa heterogeneidade já a partir de suas vidas sexuais: uma delas abandona o magistério para agradar ao marido, outra é amante do inspetor, outra é lésbica. Entre elas, existe a bela manicure, currada num descampado por um qualquer. No enunciado desses "anjos" e desse arrabalde, portanto, a aspiração à vida burguesa (do advogado e da mulher) existe ao mesmo tempo que a infâmia e, mesmo que procurem evitar, uma se deixa necessariamente contaminar pela outra, assim como na enunciação os gêneros se acotovelam, como que buscando impor sua verdade sobre os outros.

Nem sempre essa operação, que implica profundamente a ideia de contágio (sim, esse cinema como que busca o pestilencial, como se fosse preciso encontrá-lo para melhor arrancar a máscara de uma cultura brasileira harmoniosa), é inteiramente feliz. Em *Anjos do arrabalde,* no entanto, me parece que o harmônico e o desarmônico, o igual e o desigual, a nuance e o contraste encontram sempre o lugar justo, preciso. Quem conhece um pouco de cinema pode identificar ali uma penca de menções aos mais diversos cineastas. Não é uma atitude imitativa, nem metalinguística, nem mesmo contém o desejo de mostrar cultura cinematográfica. É um movimento centrífugo, que absorve as coisas do mundo e do cinema simultaneamente, as deglute e as reconverte, apaixonadamente, em cinema, em imagens que falam, como poucos, de sua cidade. Mas não convém enganar-se: essa cidade só existe porque existe o país onde ela existe.

Existe, portanto, um limite que balizou o artigo e, à parte o correr dos anos, que modifica um tanto nossas ideias, havia o espaço a limitar o desenvolvimento de um raciocínio um pouco mais amplo a respeito do cinema de Carlos Reichenbach. Me parece, no entanto, que aí está o essencial do que ainda hoje penso sobre o trabalho, a rigor tão pouco conhecido, de Carlão. Essa busca do homogêneo no heterogêneo surge em toda sua obra, e com ainda mais profundidade no filme que mais amava, *Filme demência*, onde o autor puxa um fio onde o fantástico e o sonho, o realismo e o próprio cinema se encontram, se cruzam desde a aparição inicial do filme na TV (*A noite do demônio*, de Jacques Tourneur, cuja frase final – não sei se audível no filme – é: "Certas coisas é melhor não conhecer"). Novamente, Carlão fará se encontrarem o industrial (falido, mas industrial), o malandro, a polícia, o poeta, a puta, o advogado canalha, a amante operária, o visionário, o vendedor de carros, sem contar o demônio em suas mil manifestações. Tudo girando em torno de Miraceli, o lugar misterioso, desejado, fim de todas as coisas, redenção, a que só o demônio pode, ou pensa que pode, conduzir o seu Fausto.

Mas o lugar perfeito não pode ser mais que um sonho. Porque não há redenção. Assim como (dou um salto para chegar a seu último filme) a bela operária de *Falsa loura* terá de dar voltas e voltas em torno de si mesma e dos outros para compreender quem é, qual a sua condição, a distância entre o sonho e a realidade, em particular quando essa distância envolve passagem de uma classe social a outra.

Estranho o que escutei a respeito desse filme: que não seria um "verdadeiro Carlão". Isso era uma maneira pouco sutil de repetir aquilo que sempre se disse a respeito de sua postura de negociador diante de um modo de produção industrial para o qual, diga-se, nunca abriu mão de um só de seus princípios. Talvez o único "verdadeiro Carlão" seja esse cineasta quase sempre não visto ou visto a partir da janela de preconceitos. O Carlão que resta a ver.

P.S.: Este artigo foi escrito há anos, para uma série chamada "Ilha deserta", onde algumas pessoas eram convidadas a escolher dez filmes que levariam na hipótese de se recolherem à solidão completa. Para reeditá-lo agora, altero um pouco o título para "Reichenbach: malvisto e malconhecido".

Esse título eu roubo, vergonhosamente, de um documentário sobre Robert Bresson (*Bresson: ni vu ni connu*). Ele me parece expressar, no entanto, meus sentimentos em relação à desimportância atribuída à obra desse autor, visto muito mais como um bom sujeito e exótico fanático por cinema do que como um cineasta de primeira linha, o que de fato era.

(*Rebeca: Revista Brasileira de Estudos de Cinema e Audiovisual*, ano 1, v. 2, 2012, pp. 270-4.)

7 MESTRE

APRENDIZADO TAMBÉM NAS DISCORDÂNCIAS

SÉRGIO ALPENDRE

Creio que os textos que compõem este livro (sobretudo os do próprio Inácio) respondem melhor do que sou capaz à seguinte pergunta bifurcada: como é (e quem é) o crítico Inácio Araujo? O texto de Ruy Gardnier, amigo e companheiro durante dez anos na revista eletrônica *Contracampo*, revela o que nós, daquela revista, sentíamos ao tomar contato com os textos de Inácio. Ruy demonstra o que Inácio Araujo representou para nossa geração, mesmo que, dentro desse recorte geracional, eu seja quase dez anos mais velho que Ruy. Não importa. Como crítico, sou da geração da *Contracampo*, comecei a escrever em 2000, e por isso o que Ruy escreve me representa também. Assino embaixo.

Aliás, eu e a coorganizadora Laura Loguercio Cánepa tivemos o prazer de contar com textos muito diversos na abertura de cada capítulo que trazia uma seleção de textos do Inácio. Cada um desses textos dá conta, e muito bem, de um aspecto da carreira daquele que é o mestre de nós todos, e a mim coube a redação de um texto que reconhecesse a herança deixada por ele e procurasse fazer jus a ela.

Assim, o que escrevo aqui diz mais sobre minha relação com o crítico Inácio, na maneira como meu entendimento do que é a crítica em boa parte das vezes bate com o dele, na esperança de que essa relação encontre eco em mais pessoas, críticos ou leitores. Proponho uma conversa com o leitor sobre esse crítico que tanto me influenciou. E essa influência se nota em vários aspectos, como na tentativa do crítico de manter um tom de conversa com o leitor. Passa também pelo uso frequente de algumas palavras e expressões, em suas variações ("momento", "belo", "notável", "me parece"), que procuro evitar para não ser tomado por plagiador.

Discípulo? Quem me dera! Continuador? Longe disso. A influência sobre mim dos escritos de Inácio é balizada pela ideia de que não tenho como ver o filme da mesma maneira como ele viu, embora possa aprender com o que ele viu, mesmo que discorde. Crítica também é isso.

***

Não me lembro do dia em que o conheci. Talvez porque ele não parecia, ou se esforçava para não parecer, o Inácio Araujo, crítico de cinema que eu acompanhava na *Folha de S.Paulo* desde o final dos anos 1980 (ele escreve no jornal desde 1983). Parecia, na verdade, um cinéfilo comum, ansioso pelo próximo filme a ser visto. Não era velho, mas era mais velho que eu, e isso era o suficiente para que se tornasse uma espécie de guia, não só para mim, mas para toda a minha turma de cinéfilos (eu tinha acabado de entrar para a *Contracampo*, então provavelmente isso aconteceu em 2000, ano de muitas mudanças em minha vida – escrevi com amigos o roteiro de um longa, abri com meu irmão uma loja de discos...).

Pouco antes de conhecê-lo, ou talvez muito antes disso, um amigo comentava que achava engraçado o sistema de cotações do caderno Ilustrada. Eram três cotações possíveis: carinha brava quando o filme era ruim, cara com a boca reta quando era regular, cara feliz quando o filme era bom. Bem simples e duro, sem muitas variações. Esse amigo comentou: "Para ele, filme nacional é sempre reto". E outro amigo observou de pronto: "Filmes do Peter Yates vêm quase sempre com carinha alegre". Logo percebi que o primeiro comentário não era totalmente justo, e que o segundo era justíssimo. Nem sempre eu concordava com Inácio, mas, de todos os críticos que eu acompanhava, o gosto dele era o que mais batia com o meu – Manoel de Oliveira, Abbas Kiarostami, Clint Eastwood, Walter Hugo Khouri, diretores que, na época, não eram unanimidade na crítica (alguns nunca foram). Assim, eu, que antes de ser cinéfilo já gostava de *Krull, O fiel camareiro* e *Sob suspeita*, entendi com Inácio que o diretor desses três filmes, Peter Yates, era no mínimo interessante, chegando a ser muito bom em alguns casos.

Na entrevista que faz parte deste livro, lembrei-me do episódio *Debi & Loide* (Peter & Bobby Farrelly, 1994). A *Set* tinha um quadro de cotações com alguns críticos da própria revista e também críticos de jornais. As notas eram de 1 a 10, e Inácio deu 9 para esse filme, provocando desespero em outros críticos e muitos leitores. Depois ele se explicaria, já não lembro onde, mas palavras muito próximas destas: "Dei nota 9 para *Debi & Loide*, sim. E daí?". A liberdade, essencial para um crítico, sempre foi cara ao Inácio, e por isso ele desagrada tanto quanto inspira e ensina. Desagrada porque críticos livres sempre desagradam. Como Giorgetti escreve no prefácio, desagrada porque não tem medo de se posicionar. Inspira porque é revigorante ver a sua forma de buscar a liberdade, sem medo de errar. Ensina porque, mesmo nas discordâncias, existe sempre algo a reter em seus textos, até nas digressões.

E como faz digressões. Uma das mais interessantes e sutis está neste trecho aqui, publicado em livro pela Imprensa Oficial do Estado de São Paulo, com organização de Juliano Tosi:

> Em matéria de cinema, vivemos imersos em preconceitos (em outras matérias, também, mas não vem ao caso). Agora mesmo, o estigma do melodrama foi lançado sobre *Valentin*, o belíssimo filme de Alejandro Agresti em cartaz em São Paulo. Bem, é verdade que se engole um melodrama, desde que venha de Almodóvar. Mas aí é Almodóvar, não é melodrama – se é que dá para seguir o raciocínio. O critério de autoridade parece muitas vezes determinar nosso prazer.

"Em outras matérias, também, mas não vem ao caso", que Inácio colocou entre parêntesis para deixar claro que é digressivo, é praticamente uma digressão dentro de outra, uma vez que o texto é sobre *Tropas estelares*, de Paul Verhoeven. Aliás, foi ele que me fez gostar de Verhoeven, como me ensinou a gostar de Sergio Sollima, de Vittorio Cottafavi e de outros cineastas pouco falados pelos críticos da grande imprensa. Ensinar a gostar não é influenciar um influenciável, mas explicar por que, numa revisão, podemos entender de outra maneira a obra de alguns diretores. Ou nos guiar por um caminho que, uma vez posto à prova, pode ou não nos ser frutífero (podemos, afinal, discordar de nossos mestres).

***

O fato é que Inácio Araujo é um crítico autorista, mas conhece as armadilhas do autorismo. Gosta de *O homem sem sombra*, filme que julgo fraco de nosso amado Verhoeven, mas justifica muito bem seu julgamento. Entende o cinema de Clint Eastwood como uma obra coesa, que reflete seu humanismo e sua visão de mundo, com melhores e piores momentos, mas sempre digna. Prefere Howard Hawks a John Ford, mesmo adorando Ford, e nisso sou o oposto, porque considero Ford um deus, e Hawks um semideus. Ele não gosta muito (ou não gostava) de Bergman, Fellini ou Tarkovski, o que lamento. Mas nunca desdenha desses cineastas. Só informa que não é para o gosto dele, num dos ataques de sincericídio que representam tanto a beleza quanto o perigo para um crítico (e para qualquer pessoa). Por sinal, aprendi com seu sincericídio, e já me meti em encrencas por isso.

***

A liberdade de Inácio, que pode ser tomada por um não academicismo, lembra-me a de Robin Wood. Os pontos de contato entre os dois são muito valiosos. Wood diz, por exemplo, que

> Toda crítica interessante é fundada nas crenças e valores do crítico, em sua posição política, na sua história de vida, nas influências, e tudo isso deve ficar explícito ou tão claramente implicado para não dar margem a ambiguidade. O teórico e o acadêmico podem (até certo ponto) mascarar sua posição pessoal debaixo

de um manto de objetividade. O elemento pessoal sempre estará lá [...], mas só pode ser exposto com precisão pela ideia de se "ler nas entrelinhas" que a objetividade aparentemente perfeita procura disfarçar.

Essa formulação é muito parecida com uma que ouvi de Inácio, certa vez, na aula inaugural da oficina de crítica que ministro com ele há seis anos. Tem a ver com a formulação de Oscar Wilde ("a crítica é a única forma honesta de autobiografia") e o próprio Wood fala em "*striptease* do crítico". A história de vida de Inácio, suas crenças, suas paixões e até mesmo sua teimosia (a teimosia de todos os críticos) estão em seus textos. Wood também hierarquiza a posição do crítico em relação à academia, deixando vários teóricos norte--americanos furiosos:

> [...] sinto necessidade de afirmar que, na hierarquia, a crítica ocupa (ou deveria ocupar) a mais alta posição, simplesmente porque o crítico é o único central e explicitamente preocupado com a questão do valor, que é a mais importante, a questão definitiva. Para o teórico e o acadêmico, quase que por definição, a questão do valor não existe ou é trazida *a posteriori*: seus objetivos são, respectivamente, desenvolver e produzir ideias sobre o que é o cinema, além de examinar e catalogar dados.

Uso esse texto do Wood em nossa oficina (ministrada de 2012 a 2019 e interrompida com a pandemia). Não sei se Inácio concorda com as palavras do Wood nesse segundo trecho, mas imagino que sim. Em todo caso, considero-as fundamentais para o entendimento das diferenças entre a academia e a crítica. E digo tudo isso por um motivo: Inácio é casado com a professora Sheila Schwartzmann, pesquisadora acadêmica. É o tipo de relação entre opostos que se completam, do mesmo modo que Wood escreve, no mesmo texto, que o crítico frequentemente depende do trabalho acadêmico (ou do teórico) para levantar seus voos. Paro por aqui com Wood, pois já estou ficando acadêmico.

Os voos levantados por Inácio são muitos. Preencheram o livro lançado em 2010 pela Imprensa Oficial, preenchem este nosso livro e preencheriam mais uma dezena de outros livros. Espero que os voos deste livro iluminem futuros críticos e leitores apaixonados.

POR UM CINEMA DE AUTOR

TEXTOS SELECIONADOS DE INÁCIO ARAUJO

Os canibais afirma a maestria do português Oliveira

Aos 80 anos, Manoel de Oliveira não é apenas um dos maiores cineastas do mundo. É também um dos mais surpreendentes. O mais surpreendente, se é para ficarmos com *Os canibais*, para não dizer espantoso. O espectador que por acaso não estiver prevenido sobre a grandeza da obra do realizador português talvez se sinta tentado a sair do cinema antes mesmo de começar a projeção. Uma ópera portuguesa, moderna, no cinema português – talvez seja um pouco demais. Tanto mais que a cópia é sem legendas (o que não é tão óbvio assim). Vale a pena aguentar: *Os canibais* é uma experiência única.

Um pouco da intriga: uma jovem, Margarida, apaixona-se perdidamente pelo nobre visconde de Aveleda. Embora o visconde diga com toda clareza que vive no fundo do poço, que é "uma alma sem corpo", a paixão de Margarida não parece ver nisso um obstáculo. O nobre cede, afinal, e casam-se. Após o casamento, a grande cena do filme: na câmara nupcial, Aveleda mostra a Margarida seu defeito físico.

Agora, já podemos esquecer a intriga. Ela não tem em si grande importância. Mas, desde o começo, vemos a representação de uma festa de nobres (à *la* século XIX), com pessoas que chegam motorizadas e são aplaudidas pelos plebeus. No interior, dança-se a valsa, mas a música não é uma valsa. Logo, acreditamos que o "gênero" do filme é a ópera. Mas não é bem uma ópera. Depois, pensa-se que a ópera pode ser apenas uma máscara para a tragédia que se representa. A impressão muda, a seguir, como um jogo de armar em que as peças não se encaixam: é horror, puro horror.

A esta altura dos acontecimentos, todo mundo já terá notado que Oliveira trabalha com o estilhaçamento dos gêneros. Mas não se imagina que do horror se transita com tanta facilidade para o humor negro, a farsa, o humor puro e simples. Da convenção mais rígida, vai-se sem nenhuma cerimônia ao escracho.

Então, parafraseando o Barão do Arizona, personagem de Samuel Fuller, é possível dizer: já vi muitos filmes em minha vida... mas este aqui é diferente. Já vi, do próprio Oliveira, uma versão de *Amor de perdição* que durava quatro horas. Os espectadores ficavam pregados na cadeira, fascinados pela beleza de cada gesto, de cada enquadramento. Vi o estranho *Benilde ou a Virgem Mãe*, o fascinante *Francisca*. Mas *Os canibais* é diferente. Quando saí da projeção, tinha a impressão de ter levado um soco de Mike Tyson. Atordoado. Não é sequer um filme que se possa chamar de "agradável". É incômodo como tudo. É um filme para ficar se mexendo na cadeira. É um filme de mestre: capaz de variar cada registro como quem troca de camisa, de passar do tédio à surpresa, e daí ao encantamento e ao riso escancarado. Não há, seguramente, um minuto de vulgaridade. Mas, na verdade, com o que a gente se comove? Por que se horroriza? Esta é uma história que com toda certeza não acabou. Que não vai acabar facilmente.

(*Folha de S.Paulo*, 19 out. 1988. Inácio Araujo/Folhapress.)

O raio verde mostra realidade sem artifícios
(Éric Rohmer, 1986)

É difícil imaginar trama mais prosaica que a deste *O raio verde*: uma jovem, Delphine, procura companhia para passar as férias de verão. Como as férias estão próximas, é difícil achar quem não esteja enturmado. E Delphine não é propriamente uma pessoa de fácil convívio.

Passar as férias de verão em Paris é impensável para um parisiense, eventualmente fatal (esse, o assunto de *Le Signe du lion*).

Delphine fará, então, várias tentativas, idas e vindas com conhecidos gentis, mas com os quais não se sente à vontade por uma razão ou outra.

Em dado momento de suas idas e vindas, ela encontra um grupo de velhos que comentam o raio verde, tema de um romance de Júlio Verne. O raio só se produz em circunstâncias especiais e no exato momento em que o sol se põe.

Sua raridade como fenômeno físico se faz compensar por virtudes mágicas: o instante do raio verde é o de completa transparência entre duas almas, quando se pode perceber sem ambiguidades o interior do outro e mostrar-se, ao mesmo tempo, a ele. O desfecho do filme conduz a heroína ao raio verde, naturalmente, mas saber como e quando isso acontece é um prazer que não vale a pena tirar de quem for ver o filme pela primeira vez.

Talvez para alguns essa pequena peça sobre as dificuldades da vida amorosa (como os demais da série "Comédias e Provérbios") pareça esquisita. O andamento nada tem de americano, como se aqui a narrativa perfeitamente calma devesse se opor ao tempo rígido (trinta dias) das férias da heroína, tempo limitado para buscar – em síntese – a felicidade, o ilimitado. Também não se encontrará, em um primeiro olhar, aquilo que se espera do cinema europeu: arrojo formal e/ou profundidade temática.

Rohmer filma como um amador, claro e direto, plantando a câmera quase sempre em frente a seus personagens e recusando qualquer efeito: nem trucagens, nem cortes audaciosos, nem ângulos insólitos. Nada que desvie a câmera de seu papel de captação da realidade. Nesse sentido, ele permanece o mais radical dos discípulos de Bazin: cinema não diz, mostra. Mas mostra o quê?

A realidade, precisamente. Essa realidade está longe de ser uma ideia inocente; como escreveu Bazin, na imagem fotográfica, "pela primeira vez, entre o objeto inicial e sua representação nada se interpõe, exceto um outro objeto". E esse outro objeto, a câmera, a questão é tirá-lo do caminho, fazê-lo invisível. Ok, essa invisibilidade é todo o cinema americano. Para Rohmer, porém, o problema se põe de outra maneira: a função de um filme não seria "dizer que alguém é alguma coisa, e sim mostrar como ela é". Porque o homem se define por seus atos (gestos, palavras, objetos que o cercam, maneira de reagir aos acontecimentos) e só por eles. E o cinema é a arte privilegiada desse "mostrar".

Trata-se, então, de colocar o personagem em frente à câmera, suprimindo tudo que possa interferir na relação entre objeto (personagem) e objeto (câmera): fotografia, cenários, figurinos, enfim, todos os elementos de cena, assim como o "tempo" e a própria direção devem anular-se, existindo unicamente na medida em que possam fazer aflorar o real. Nenhum artifício, nenhum virtuosismo faz parte desse projeto. É o acúmulo de detalhes e ao mesmo tempo sua seleção que terminam por dar conta da realidade não só física como também moral das personagens.

Nesse sentido, Rohmer é um cineasta que procura afastar de seu cinema a ideia de inovação, embora acabe sendo, paradoxalmente, um dos mais originais de nosso tempo, pelo encontro que promove entre temas prosaicos de forma prosaica. Esse tom baixo, discreto, é um dos registros mais difíceis que existem para se obterem os resultados desejados (por exemplo, raramente se usa música, um recurso com o qual é possível encobrir muitas vezes a imprecisão das imagens).

Se *O raio verde* é, assim como *As noites de lua cheia*, um filme perfeitamente bem-sucedido, uma obra-prima, como se diz, não é certamente por ceder ao gosto do público ou por conseguir entender as demandas do momento. É, ao contrário, por sua capacidade de passar ao largo desse gosto e dessas demandas, de trazê-los, sutilmente e com delicadeza, a contemplar e admirar essa realidade desnecessária, supérflua, de que os olhos não dão conta, mas o cinema, sim.

Diretor faz "cinema de câmera" com imagens essenciais

Certos cineastas inspiram a adesão imediata – se não paixão – por seu trabalho – é o caso de Orson Welles, Ozu, Fritz Lang –, e há outros de quem o espectador se aproxima lentamente, tateando uma obra que não se desvenda de imediato. É a esse grupo, certamente, que pertence Éric Rohmer.

Nada em seu projeto facilita a abordagem. Falta-lhe o brilho inventivo de um Godard, tanto quanto a sensibilidade popular de um Truffaut, para compará-lo apenas aos seus colegas da *nouvelle vague*. Em troca, Rohmer é desses cineastas "de obra", em cuja coerência dificilmente pode-se apontar uma fratura sequer ao longo de trinta anos de cinema.

Desde *O signo do leão* (1959), suas bases foram postas: a opção por um "cinema de câmera", com pequenas histórias do cotidiano, poucos personagens, orçamentos reduzidos, montados em torno de uma ideia obsessiva: o cinema é mostrar e não descrever; é situar seres no espaço e no tempo e, assim, produzir um novo conhecimento da mesma e imutável realidade.

O signo do leão focaliza um personagem que passa as férias de verão em Paris, acredita ter herdado uma fortuna, faz dívidas por conta e termina como *clochard*. É preciso ter conhecido o verão parisiense para avaliar a história, oposta à de *O raio verde*, onde a questão é achar a companhia adequada para sair de Paris. Mas esse dado não é exterior à obra de Rohmer, que supõe um universo limitado (estritamente francês) mas, em compensação, de uma exatidão matemática.

Franceses, seus personagens quase sempre falam e pensam aos borbotões, como a jovem extremamente racional de *As noites da lua cheia* (1984), a explicar a todo o tempo por que quer ter duas casas, uma só dela em Paris e outra com o companheiro, no subúrbio. Ou ainda como a Delphine de *O raio verde*, cujas infindáveis idiossincrasias a acompanham até o encontro do companheiro certo para o verão.

As outras histórias seguem a mesma toada: em *O joelho de Claire* (1970), Jean-Claude Brialy apaixona-se, justamente, pelo joelho de uma garota; em *O amor à tarde*, um rapaz casado encontra uma antiga amiga, que o perseguirá todo o tempo, querendo fazer amor com ele; em *Le Beau Mariage* (1982), é a garota que julga estar despertando a paixão de um rapaz, e bota a fantasia para funcionar em função disso. E por aí vamos.

É bem provável que, se fosse brasileiro, Rohmer já estivesse rejeitado, como um cineasta meio desajeitado, incapaz de chegar a ser convencional. Mesmo na França, seu estilo foi seguidamente contestado como "literário". Quando isso aconteceu, Rohmer não fugiu ao debate e botou em cena, para uso próprio, seu arsenal de mais sólido dos críticos da grande geração dos *Cahiers du Cinéma* e mais fiel discípulo do crítico André Bazin. Em "Carta a um crítico" (1971), escreve ele: "O que eu 'digo', não digo com palavras. Não digo tampouco com imagens, ainda que isso desgoste os sectários de um cinema puro, que 'falaria' com imagens, assim como um surdo-mudo faz com suas mãos".

A continuidade do trabalho, que passa pela série "Contos Morais" e desemboca na deliciosa "Comédias e Provérbios" (iniciada em 1980), que terminaram por fazer reconhecida a obra de Éric Rohmer, embora ele insista em fugir do mundanismo cinematográfico (não põe os pés em festivais nem para receber prêmios). Para apreciar essa obra, vale lembrar que cada filme é menos importante do que o conjunto dela. Podem-se ver seus filmes como capítulos de um livro, embora cada história se feche em si mesma. Mas cada uma existe como parte de uma construção.

Essa construção propõe-se desde logo a enfrentar uma barreira de ideias feitas: 1) a de que filmes devem falar a plateias e não à sensibilidade particular de cada espectador; 2) a de que a modernidade implica obrigatoriamente a contemplação da linguagem cinematográfica por ela mesma; 3) a de que, na realidade cinematográfica, a imagem é mais real – ou mais importante – que o som.

Rohmer postula, ao inverso da moda vigente nos anos 1960--70, a existência de uma realidade imutável, que a obra de arte revela de maneiras diferentes; a perfeita "transparência" do trabalho (isto é, o trabalho de direção e câmera devem passar despercebidos); a narrativa linear, clássica.

Tanto "reacionarismo" poderia levar a supor que os resultados fossem acadêmicos. Seria confundir modéstia com ingenuidade. O enquadramento rohmeriano é extremamente original, obedecendo a um recorte arbitrário do espaço, colocando-o em ângulo reto em face da câmera e reduzindo a importância das linhas diagonais. Sua decupagem evita o clássico campo-contracampo, a câmera situando-se sempre no local mais propício à escuta. Pode parecer, à primeira vista, que estamos diante de um cineasta desajeitado. É uma impressão falsa: nesse cinema, não há diálogos supérfluos, objetos decorativos, movimentos desnecessários. A ausência de espetáculo tem como contrapartida a precisão.

Estranhamente, neste fim de século em que a imagem é uma coisa cada vez mais banal, é a própria imagem – inflacionada pela TV e pela publicidade – quem mais se interpõe entre objeto e câmera, apresenta-se a um só tempo como centro e como adorno. Nesse quadro, Rohmer se afirma cada vez mais como um cineasta das imagens essenciais, mínimas e, por isso mesmo, cada vez mais modernas.

(*Folha de S.Paulo*, 18 nov. 1989. Inácio Araujo/Folhapress.)

Gosto de cereja é amargo
(Abbas Kiarostami, 1997)

Se houve política na premiação de Cannes 1997, e houve, ela não visou chamar a atenção para a luta dos cineastas (e outros) contra a censura (e outros) no Irã.

Ou seja, *Gosto de cereja* não dividiu a Palma de Ouro com *A enguia*, de Shōhei Imamura, por razões extracinematográficas (sabe-se que *Gosto de cereja* quase foi proibido de participar do evento pelas autoridades iranianas).

A atitude do júri foi política, sim, mas por retomar a tradição de dar até mesmo o grande prêmio do festival a filmes com produção pequena, mas imensamente fortes, como no caso desse trabalho de Abbas Kiarostami.

O júri foi tão mais corajoso porque dessa vez Kiarostami veio um tanto mudado. Até aqui, seus filmes nunca descreviam um mundo feliz. Havia pobreza, terremotos, angústia. Mas, a todas as vicissitudes, o cineasta sempre contrapôs a força da vida.

Graças a ela, seus filmes costumam ser banhados de um vislumbre eloquente de felicidade, que nos toca e contagia (embora no Brasil seus filmes não sejam muito bem aceitos, em parte porque a política de exibição, voltada apenas para o cinema americano, está arruinando o gosto e a simples capacidade de olhar). *Gosto de cereja* vai em outra direção.

A história começa com um homem, em seu carro, à procura de homens. Seria paquera? Leva jeito. A busca leva meia hora, ou quase. Em todo caso, esse aspecto homossexual é ambíguo e discreto.

Ao fim de certo tempo, o homem revela a razão de sua busca: quer se suicidar e procura alguém que enterre seu corpo após a morte.

Mesmo na cópia em vídeo (a única que a XXI Mostra pôde fornecer antecipadamente), é possível perceber que a ambientação criada pelo diretor é diferente dos filmes anteriores. Tudo é desértico, árido. A natureza é agônica, embora o rosto do homem permaneça sereno.

O filme então pode ser visto assim: um homem quer se matar, violando assim um tabu religioso (não só muçulmano), porque é homossexual, outro tabu (não só muçulmano).

Não se trata, portanto, de um filme do encanto, mas do desencanto. E, ainda que o gosto da cereja seja mencionado (não efetivamente sentido), é um filme do desgosto. Não é o Irã infantil ou adolescente que já se viu no passado. É um país que chega à idade adulta em ritmo de serviço militar, com relações pessoais deterioradas pelo medo e por superstições que tornam o outro incompreensível.

É tão diferente assim em outros lugares? Isso é o que parece se perguntar Kiarostami, pois seu filme tem dupla função. Internamente, ele é efetivamente político. No exterior, porém, não funciona como cinema de "denúncia". Ao contrário, parece procurar afinidades na depressão.

Dessa vez, Kiarostami nos conduz por paragens pedregosas, embora, o que é essencial, sem perder o sentido da beleza. Há momentos em que o protagonista se senta diante da paisagem árida. Então, para o espectador, a ideia de suicídio parece absurda: como abandonar a vida voluntariamente, quando, mesmo no desespero, a beleza e o gosto da existência podem ser entrevistos em cada coisa?

Gosto de cereja é, enfim, aquilo que mostra: um filme amargo, ao qual nossa imaginação pode acrescentar o gosto doce e a cor vibrante do fruto apenas evocado.

(*Folha de S.Paulo*, 24 out. 1997. Inácio Araujo/Folhapress.)

O autor! O autor!

O Marcos Nogelli sugere uma discussão bem interessante: o que significa o conceito de autor em nossos dias?

Bem, é claro, haverá quem queira discutir essa noção até historicamente. À vontade, evidentemente. Mas é preciso lembrar que a ideia que temos hoje do cinema assenta em grande parte sobre isso.

É verdade, o Marcos está um tanto bronqueado porque *Cinefilia* teve mais presença nos jornais do que os livros do A. C. Gomes de Mattos.

É verdade. Teve, também, mais do que os meus. Mais do que a revista *Paisà*, onde o Sérgio Alpendre enterrou belas economias pessoais. Mais do que um monte de coisas. Mas isso porque, em grande medida, a partir da *Cinefilia* muda a visão que se tem do cinema, que se torna objeto de estudos estéticos.

Esse é o momento de uma nova definição do que seja cinema (ver André Bazin). Do surgimento de uma crítica formalista (em que o assunto dos filmes se torna secundário). Da mudança do cânone cinematográfico. E... do surgimento da política dos autores.

Confuso ou não, nunca houve a pretensão a constituir uma teoria dos autores. Política é um instrumento de ação. Era isso que os caras queriam.

Dito isso, o conceito de autor expandiu-se e, na mesma medida, vulgarizou-se.

Alguém duvidará que o Antonioni é um autor?

E, se não houvesse a defesa do autor (e da forma como centro), quem reteria Samuel Fuller ou todo o filme B?

181

Bem, o Antonioni escreve o roteiro, escala o elenco, escolhe as cores, os técnicos e monta o filme.

Idem para uma série de outros cineastas.

Na Hollywood clássica eram mil e uma as espertezas dos autores para evitarem que outros pusessem a mão nos filmes (lembrar John Ford, que montava na câmera).

Mas, depois desse primeiro período, o conceito foi usado a torto e a direito. Qualquer um chega e escreve "um filme de...".

Nesse sentido estão certos os roteiristas, porque muitas vezes o "filme de..." deveria caber a eles, que conceberam o filme, e não ao diretor, que foi um mero executante.

Mas não é só isso.

A ideia de autor talvez já não faça sentido em vários níveis.

O que é o cinema do Kiarostami senão uma vasta negação do autor? É um filme que se faz com o espectador. Que sem o espectador não existe.

O que é o cinema do Coutinho? Um cinema da intervenção mínima, um filme que se faz ao acaso (daí a forma de documentário), ou quase ao acaso.

Mesmo o De Palma do *Redacted* está nessa: é um filme feito com câmeras de segurança, ou amadoras, ou tiradas de um documentário (falso, não importa).

Então, essa figura já se transforma. Talvez não possamos ainda compreender exatamente o que significam essas mudanças, mas elas existem, quando mais não seja por desgaste do "autor".

O que não significa, claro, que regressaremos ao tempo em que se analisava filme analisando a ficha técnica. O mundo seguiu em frente.

O lançamento de *Cinefilia* é, de resto, uma boa oportunidade para recolocar essas questões que apaixonam. E essas paixões que alucinam (ave Fuller!).

(Blog do Inácio Araujo: *Cinema de boca em boca*, 24 fev. 2011. Disponível em: https://inacio-a.blogosfera.uol.com.br/2011/02/24/o-autor-o-autor/.
Acesso em: 27 fev. 2023.)

Godard mostra quanta beleza a autodestruição pode gerar
Imagem e palavra/Le Livre d'image (2018)

Quer entender Godard? Ainda quer? Não se impressione. É melhor deixar-se levar na viagem (o capítulo 3, aliás, é dedicado às viagens e aos trens). Mas há princípios nela.

O homem pensa com as mãos, está dito logo no início. No caso, trata-se de usar as mãos para trabalhar a imagem. E depois juntar-lhe a palavra: temos "Imagem e palavra", ou "o livro da imagem", numa tradução mais literal do título de origem. Entram também os ruídos e a música, que se juntam como numa sinfonia desconcertante: de onde virá o som? Da esquerda ou da direita? Dos agudos ou dos graves?

Embarcamos nessa viagem já pelo *remake*. E ali, as desgraças de todos: a bomba atômica explodindo e pairando sobre nossas cabeças, a matança dos judeus na Segunda Guerra, outras guerras e suas calamidades.

Godard por vezes é claro até a evidência. E a evidência vem da imagem. Vejamos uma associação preciosa: o bico dos aviões americanos da Segunda Guerra, representando um tubarão, montado junto com o tubarão de Spielberg. Alguns fotogramas, apenas. Queremos agarrar a ideia, mas ela passa e se vai.

E passamos então pela palavra. É tudo como se fosse não imagem e palavra, mas imagem contra a palavra. A palavra, que com tanta frequência nos traz a ilusão de entendimento. A palavra de cada religião, de cada poderoso. A palavra que explica o mundo e domina.

Godard está na contramão. Seu princípio é o da contradição: com a mão, ele traz imagens de todas as eras, de todos os tempos, as coloca lado a lado, distorce-as, deforma-as, transforma-lhes o sentido. Não cria, recria.

Ninguém compreendeu Godard melhor que Éric Rohmer: ele é um ladrão de mundo. Rouba imagens, palavras, sons, e os reordena. Não é caótico: é como escutar uma sinfonia. Entra-se na música.

"A nossa música", disse um dia o próprio Godard, referindo-se à Europa. Nossa música é a guerra, portanto não há por que esperar uma música alegre. Ela é ruidosa, cruel e mortal. As imagens surgem ora em alto contraste, ora com cores saturadas até o limite (chegando por vezes à abstração). Não se trata de uma voz autoritária, nem mesmo de uma que explica o mundo. Veja-se "O espírito das leis", um dos capítulos do livro de imagens.

Ou ainda a clara tomada de posição de Godard: eu estou do lado dos perdedores. E, a seus olhos, ninguém mais perdedor do que os árabes. A eles foi reservado pelo Ocidente o lugar de paisagem exótica. Exótica e explorada. A terra que importa pelo petróleo e pela paisagem. Talvez por isso Godard lhe dedique tanto tempo. Lá estão as guerras mais recentes, mais selvagens. Ali onde sábios falam em silêncio.

A guerra, a natureza, as catástrofes naturais, a crueldade, as bombas, Godard as vê na natureza do homem, tanto quanto a palavra. É inescapável. Pode-se tomar o lugar dos vencidos, mas a desgraça estará sempre ali.

Imagem e palavra é um filme pessimista, não há dúvida, um filme da contradição, do contracampo: Godard, se se quiser, toca o seu velho realejo. Mas, atenção, como sempre seu trabalho tem um vínculo forte com a atualidade, como se fosse um documentário. E desta vez ele é nada menos que apocalíptico. Porém, com alguns punhados de planos (de som e imagem) mais uma solidão cósmica, ele nos mostra quanta beleza consegue produzir nosso impulso autodestrutivo.

Há certos cineastas que não convém tentar entender. David Lynch e Godard, por exemplo. Entendem-se melhor, talvez, entrando na sua música, deixando-se levar pela correnteza de associações que fazem que por vezes nos levam a outras paragens, outros raciocínios, e quando voltamos ao filme as coisas já são outras, passaram como imagens gravadas no vento. Mas a música ficou lá. E é formidável.

(*Folha de S.Paulo*, 24 out. 2018. Inácio Araujo/Folhapress.)

8 TRAJETÓRIA PARALELA: ESCRITOR

UM CERTO ESCRITOR

FABIO CAMARNEIRO

Logo no início deste livro, Ugo Giorgetti avisou que falar de Inácio Araujo é falar de um "escritor importante". Ainda que o próprio Inácio, dado seu saudável hábito de não se levar muito a sério, possa torcer o nariz para essa definição, isso não quer dizer que ela não seja justa. Se hoje tantos autores parecem se levar a sério demais (não raro sem motivos para tanto), é reconfortante perceber nas narrativas de Inácio a desenvoltura em coordenar gestos aparentemente contrários: ao mesmo tempo que se coloca à altura de seus personagens (nem acima nem abaixo), o autor parece também tomar alguma distância de seus relatos.

Enquanto fazia da crítica de cinema seu ganha-pão, Inácio escreveu e publicou dois romances (*Casa de meninas* e *Uma chance na vida* – este, juvenil) e um volume de contos (*Urgentes preparativos para o fim do mundo*) nos quais, desnecessário dizer, aparece o mesmo esmero de seus textos na imprensa. O que não quer dizer (e quem leu até aqui já deve ter percebido) que ele use a língua de maneira excessivamente rebuscada. Pois, além de evitar a todo custo a autoindulgência, em seus textos Inácio recusa também qualquer barroquismo. Pelo contrário, suas frases sempre precisas, diretas e lapidares revelam como o crítico de cinema ecoa o texto límpido do ficcionista enquanto, por sua vez, o ficcionista parece demonstrar o olhar implacável do crítico de cinema.

Os livros de Inácio parecem a todo instante reafirmar o caráter falho de qualquer narrativa, desde aquelas tecidas pelos personagens (das quais se recomenda sempre desconfiar) até aquela maior, arquitetada pelo próprio autor (que tampouco deve ser levada totalmente a sério). Assim como Pirandello, Inácio sabe que o simples fato de os ter inventado não o torna capaz de *explicar* seus personagens. Ao contrário, ele se interessa por conhecê-los, demonstrando o cuidado de alguém que tateia o vazio (e a segurança de alguém acostumado a fazê-lo).

É comum que suas histórias apresentem figuras repletas de falhas de caráter, pessoas que, no passado, podem ter tomado alguma decisão que determinou aquilo que poderíamos chamar de suas identidades. Escolhas que não raro colocam esses personagens em lugares muito distantes das convicções dos leitores ou do próprio autor. De qualquer modo, ainda que em muitos casos imaginemos que Inácio não concorde com elas, ele faz questão de estar sempre ao lado (mas não necessariamente do lado) dos personagens. Abrindo mão do papel que poderia caber a um tribunal, ele não deseja julgá-los, mas apenas narrar suas histórias.

Se nos rendêssemos a uma generalização, ainda que grosseira, poderíamos dizer que os personagens de Inácio estão sempre um pouco deslocados. À margem do *way of life* da burguesia (como em *Casa de meninas*); derrotados pela história (como o carrasco alemão, personagem do conto que abre *Urgentes preparativos para o fim do mundo*); mutantes que, no fundo, parecem vítimas de erros médicos (no conto que dá nome ao livro); pai e filho, ambos anões, que se reconhecem como idênticos a qualquer pessoa, exceto na estatura, e que ainda assim amaldiçoam o Deus que não os fez "normais" (em "Os pequenos"); um criminoso descreve sua "rotina simples: trabalho, refeição, cela" de maneira não muito diferente daquela com que qualquer um de nós descreveria a própria rotina (em "O recluso"): esses são alguns entre tantos exemplos possíveis.

Não existe "normalidade" nas histórias de Inácio Araujo. E, ainda que possamos sempre repisar o verso da canção que afirma que "de perto, ninguém é normal", seria mais correto dizer que, em suas histórias (assim como nas de Franz Kafka), "de perto, todo mundo é normal". Não que as personagens tentem se adequar a uma norma ou padrão. Elas apenas terminam por se habituar (como ser diferente?) às consequências de seus atos e às surpresas do destino, com toda a fortuna – e, mais amiúde, todo infortúnio – que lhes cabe. Em vez de se debaterem querendo ser "outra coisa", elas se debatem na tentativa de ser exatamente o que são. Como em uma outra canção, não podem evitar "a dor e a delícia de ser o que [se] é".

Quem encontrar incoerência em nosso argumento – a saber, que o mesmo autor assim próximo a seus personagens, o mesmo autor que busca eximir-se de qualquer prejulgamento, não difere do crítico de cinema – certamente desconhece a passagem (em *A tarefa do crítico*) na qual Walter Benjamin defende ser uma tremenda ilusão pensar que o fator determinante para o crítico é ter "opinião própria". Na verdade, podemos defender que a principal ferramenta do crítico (e também de um ficcionista como Inácio) está muito longe de ser a opinião ou o julgamento, ainda que seja possível percebê-los no horizonte. Na verdade, as principais ferramentas do crítico são seus olhos e ouvidos atentos: em vez do peso dos juízos peremptórios, a indecisão de uma percepção livre: no lugar da autoridade (seja a lei ou uma outra, mais difusa, que diz respeito a "como se fazer um bom filme"), a dúvida.

Ao fazer questão de levar seus personagens a sério (ao contrário do que parece fazer consigo mesmo), Inácio constrói textos marcados pela leveza – o que não tem nada a ver com imprecisão, incerteza ou pusilanimidade. Ainda que demonstre pelos personagens um interesse irrefreável, nem por isso o autor assume o papel de advogado (a defendê-los) ou procurador (a condená-los); ele permanece em uma posição parecida com aquela em que os melhores cineastas colocam suas câmeras: a uma distância justa (ou a uma justa distância) daquilo que vão filmar. Inácio não se furta a mostrar as inúmeras falhas dos personagens e, apesar disso (por causa disso), reservar a eles um olhar repleto, não diríamos de "justiça", mas de justeza. Ou, parafraseando a fórmula de Godard, diríamos que Inácio não é um escritor "certo" (que demonstre certezas), mas um certo escritor, possuidor de certa sensibilidade, que ele busca explorar até seus limites.

Autor generoso não só com os personagens, mas também com seus leitores, Inácio faz questão de nos conduzir por suas narrativas com uma mão firme e nem por isso – e não há contradição aqui – menos suave. Suas histórias, ora ridículas, ora incríveis, ora trágicas, ora patéticas, parecem revelar o que há de singular em vidas que algum incauto poderia chamar de "menores".

Que este certo escritor chamado Inácio Araujo siga sem se levar muito a sério enquanto nos brinda com novas histórias marcadas por uma mirada e uma escrita invulgares.

CORPOS MARCADOS[52]

ALCIR PÉCORA

O paulistano Inácio Araújo é conhecido como crítico de cinema da *Folha de S.Paulo*. Mas não é o único ofício que ele exerce com grande competência. É também ensaísta (*Hitchcock: o mestre do medo*, 1982; *Críticas de Inácio Araújo*, org. Juliano Tosi, 2010); romancista (*Casa de meninas*, 1987; *Uma chance na vida*, 1989); roteirista (*Amor, palavra prostituta*, 1981, e *Filme demência*, 1986, ambos com Carlos Reichenbach); diretor ("Aula de sanfona", 1982, episódio do filme *As safadas*), além de ter trabalhado com montagem.

Digo isso, que nem todos sabem, para acrescentar que é também contista de primeira, como demonstra o recém-lançado *Urgentes preparativos para o fim do mundo* (Iluminuras, 2014), cujos treze contos apresentam alto nível de artesania. O que imediatamente há de comum entre eles é o interesse do narrador em primeira pessoa, cujo caráter ou corpo é frágil (os vários velhos), confinado (os prisioneiros, a puta, o tímido) ou defeituoso (o anão, o descamado, a que deveria ser virgem, o corcunda etc.).

Esses defeitos do corpo e do caráter em geral se associam à lembrança de uma vida anódina ou fracassada, especialmente em termos de afetos familiares, a qual se encontra em vias de terminar. Por isso mesmo, predomina nos personagens certo afeto melancólico: uma tristeza pesarosa que repassa a existência, mas sem revolta, com resignação, até. Poderia predominar o patético, o que por vezes ocorre, não fossem dois processos paralelos muito bem conduzidos na construção dos caracteres: o humor, em geral leve e engraçado, e a racionalização, isto é, a tentativa de construir um

---

52 Texto originalmente publicado na *Revista Cult*, n. 195, out. 2014.

arrazoado capaz de explicar ou ao menos de tornar suportável o destino besta.

Sobretudo esse segundo aspecto é um grande trunfo do livro inteiro. Cada um dos personagens precários, quase invisíveis, às voltas com um mundo que já não os tolera ou mal enxerga, elabora muito esforçadamente os eventos que se abateram sobre eles por meio de um discurso metódico, racional, compreensivo, geralmente alheio à revolta, embora sempre tendo um eco vagamente paranoico, que assimila meio desconfiado o desprezo do mundo, da família e dos amigos. É o que mais gosto nos contos de Inácio: essa forma metódica de tentar domar a histeria, a suspeita, enfim, de assimilar um fracasso, o que, já se vê, é uma propriedade machadiana. No caso machadiano, porém, o ceticismo vence a melancolia e, no caso inaciano, em geral, ocorre o contrário.

Há também uma terceira linha de composição, na qual o fantástico domina: a irrupção do demônio, de forças da fantasia ou da ficção apocalíptica de segunda mão: uma espécie de apocalipse ordinário, para empregar um oximoro que vem ao caso. Aqui, é curioso notar que, enquanto a racionalização se orienta por um pragmatismo amoral, aparentemente domada e meio cínica nas circunstâncias de uma vida ou de um corpo falhado, a irrupção do fantástico introduz a moralidade, como desgraça ou maldição. Com ele, o mal se objetiva, isto é, irrompe na existência e pune: desgraça o desgraçado. Ou seja, além de reintroduzir a questão moral, torna menos implacável a mediocridade, pois o mal, ao existir, significa a existência.

Destaco, por economia, três contos. Primeiro, "Insepultos", porque o narrador gagá e a concretização da decadência no personagem de um antigo combatente da Revolução Constitucionalista são um grande achado. O velho soldado é quase típico, quase pitoresco, mas tristíssimo em sua maneira de se manter fiel a um amor perdido.

Depois, "A praia", no qual a racionalização conformada atinge seu melhor momento – talvez porque a lucidez do velho narrador lhe permita constatar a rigorosa impossibilidade de partilha afetiva familiar sem diminuir em nada a intensidade dos afetos sentidos.

Acentua-se apenas a proximidade do fim de jogo, quando todos os lances estão na memória e já mal acenam para a experiência.

Mencionaria ainda o conto que dá título ao livro. Nele, o encaminhamento narrativo é preciso ao apresentar o absurdo de maneira lógica e paulatina até o desfecho no qual se contrapõem improváveis esperanças apocalípticas e efetivas perdas quotidianas.

Enfim, como disse, o achado dos personagens narradores é decisivo para a arquitetura do livro. São todos eles marcantes, e marcantes, aí, também quer dizer marcados no corpo: o anão, a prostituta, o descamado, os tantos mancos, os vários velhos etc. Desse ponto de vista, compreende-se até o absurdo de que um deles, o antigo militante da TFP, também quisesse para si a tortura sofrida por um prisioneiro da repressão: parece-lhe injusto que ele, o mais fiel dos crentes de um Deus punitivo, receba menos que outros a marca do castigo.

TEXTOS INÉDITOS DE INÁCIO ARAUJO

Asteroide

Se acontecer será uma vergonha. Uma vergonha. Nós, uma família antiga, não é justo. O que vão pensar? Toda a culpa cairá nas nossas costas. Dizem que é um asteroide. Já falaram com os cientistas? Tem que ser os astrônomos. Os outros não entendem, não sabem de nada, apenas falam. Os astrônomos, sim, podem dizer o que é, se é grande ou pequeno, a natureza e a extensão do perigo. Como fazer para evitá-lo, desviá-lo. Não podemos é aceitar que tudo acabe assim, no nosso reino, no nosso reinado. Depois de tantos séculos que esperamos: duques, condes, viscondes. Mas reis, nunca. Reis somos há pouco. Não pode ser bem agora. Não pode ser agora que nossa dinastia chegou ao trono. O que dirão de nós? Que falhamos! Que o mundo acabou por nossa culpa. Que não estivemos à altura. Gozamos de todos os privilégios, dos castelos, dos campos de caça, dos criados, porém não estivemos à altura. Se acontecer será uma vergonha. E dizem que acontecerá. Que é fatal. Talvez exagerem. Querem ver as pessoas rezando. Nós devíamos... Nós não podemos. Nem ao menos se pode rezar aqui. É preciso manter a pose, fingir que tudo está controlado. A fleuma das grandes famílias. Belo teatro. O ministro já desapareceu. Não se encontra ninguém no Parlamento. Foram todos rezar, dar as mãos, o ritual do fim, essa bobagem. Restamos nós e a guarda. E o fiel secretário, claro. Temos que ostentar tranquilidade, é o que manda o protocolo. Transmitir confiança aos súditos, mesmo que tudo termine. Ao nosso lado restaram apenas os criados da casa, aqueles que obedecem ao secretário e não desgrudam haja o que houver. Transmitir confiança aos súditos... que em nada confiam, porque o asteroide existe, dizem, está chegando, é fatal, agora são os astrônomos que garantem. Todos dirão que ridículos éramos, que figuras tristes, que fingem estar acima de tudo, que não são verdadeiras mesmo diante do fim. Será uma vergonha se não houver fim. Não é justo. O riso se abaterá pela eternidade sobre nossa dinastia. Um riso contido, silencioso, ressoando por espaços infinitos fim, por universos que se desdobram, como espelhos que refletem espelhos. O nosso poder. É do nosso poder que se trata, apenas isso. Queremos também nos beijar e abraçar, demonstrar nosso medo; não podemos. Simplesmente não podemos. Porque o asteroide pode se desviar ou não ser aquilo que os astrônomos dizem, daquela grandeza, então todos sobreviveriam, ou apenas alguns, pouco importa. E nossa reputação, se soubessem que tememos, e quanto tememos, ruiria. Já não seríamos reis. Reis risíveis? Nem mandaríamos. Bobos da corte. Riem? Por que tantos risos? Os criados riem? Os risos ecoam. Onde está a guarda para detê-los? Se um sobrar, mesmo um, não rirá de nós. Fomos exemplares. No entanto, até o secretário ri, ele, que tanto condena qualquer deslize. Ele mesmo ordena aos guardas que nos cerquem. Onde estão os ministros? Ninguém nos defenderá? Os guardas nos agarram. Já não respeitam reis. Será a morte que os priva da devoção, do respeito, do temor que devem a seus senhores? Não se curvam, pelo contrário, ordenam que nos curvemos. É a ordem de ponta-cabeça... No último momento vingam-se de nós, de nosso poder, nos seguram pelos braços e nos submetem, como se fossem iguais. Querem ter esse prazer, de sentir por uma vez nossa carne dominada, humilhada. Querem esse último prazer, antes que tudo se acabe. Um súdito me puxa pelos cabelos, outro me prende os braços. São fortes, são grandes. Sem o trono não somos nada, somos fracos, apenas isso. E agora nos jogam num cubículo e trancam a porta. Grito que sou rei. Escuto a voz vingativa do secretário. Reze como todos, diz. Chore como todos. Tema como todos. Outros criados riem. Ordeno que me libertem, grito, me afogo. Só escuto que não. Levam-nos à prisão. Irônicos, a prisão que nos reservam chama-se Asilo, mas não nos chamam de loucos. Em sua insânia gritam que somos reis e nos jogam junto dos loucos, loucos sim, de verdade, loucos reais, como essa que se diz Ana Bolena à espera do carrasco, de outro que se pretende embaixador de Espanha, que me presta respeito e também diz ser nobre. Anuncia que no dia seguinte submeterá suas credenciais. Ajoelha-se aos meus pés. Então também me ajoelho e o abraço. Sim, meu igual no temor, o embaixador de Espanha ou louco, não sei. Amanhã, dizem os astrônomos, é o dia em que chegará o asteroide. Então saberei quem sou.

Alguma poesia

Clarice entre as chamas

Ela amanhece nas flores com um castiçal entre os nervos
Quando o silêncio se instala
Ela passa enrolada em samambaias
Faz dos olhos ofertório
Seu ventre é uma sinfonia aquática
Soando em todas as folhas
Ventando nas portas
A perder de vista

Anecy na última cena de Pecado mortal[53]

Não existe propriamente Anecy – mas uma espécie de desequilíbrio que ronda o fotograma, ameaça a cena contra o ritmo do dado, do marcado, do morto. Esse lugar, essa espécie de vazio entre o campo e a câmera, esse intervalo em que metodicamente se movimenta

---

53 Imagino que esse seja o primeiro texto que escrevi sobre cinema, mas que não é exatamente sobre cinema, e sim sobre uma cena apenas, e sobre Anecy Rocha, cuja presença até hoje me assombra. Pecado mortal foi um filme dirigido por Miguel Faria Jr., que não teve convicção para seguir nesse caminho e infelizmente nunca mais fez um filme tão bom. Escrevi sobre essa cena, mas existe outra, incrível, com Fernanda Montenegro diante de um piano, em que durante minutos ela toca uma única nota.

o pulmão, quando ele deixa de ser uma função: não serve à respiração que se repete, mas se inventa, reflete, reflete talvez uma miragem, nada celulose *take* corte trânsito peso, presença.

À sua passagem se cria um labirinto. Se cria e se dissolve, apagado e sem volta, marca e desmarca o fotograma, o que nele é não imagem, luz menos, distância, interrupção, ocultamento, recusa.

Tudo gera o gesto de negar: o quadro se imobiliza, fixo na paisagem neutra, no bosque de uma mansão cortado por alamedas asfaltadas.

O quadro é atravessado de lado a lado por uma figura que surge à esquerda e desaparece do outro lado, à direita – uma imagem que se fixa na agonia; olhos enormes, respirantes, enfrentando a agonia, se afirmando no silêncio.

Não há neste filme uma história que não se conta.

Há uma história que consiste, justamente, em não ser contada.

Há um tempo que não conta, um tempo que se torna atriz, ritmo, batimento, respiração que se repete e repete.

E quando se detém nos exibe – porque o espectáculo não é Anecy na cena final de *Pecado mortal*, o espetáculo somos nós que a olhamos.

Espelhos

rosto em branco	espelho de muitas faces
espaço morto	que a poesia forma
traço entre dois brancos	um atrás outro diante
torto o corpo é tua vida	abismo traço de teus restos

F. Pessoa

o porto inventou o passado e a partida
a partida inventou o tempo e a palavra
a palavra atou o porto e o passado
o passado atou o porto à palavra

do porto parte o passado
do brusco tempo a resposta
tenho saudade de agora

De Chirico

Os encontros por se realizar no horizonte de um sonho
com colunas de sombra a escorrer de um carretel
onde com luz mortiça se apagam cerimônias
todas as estátuas mortas tão vivas
a madrugada chega do além da lua
côncava trazendo o fogo frio com sua cara de cadafalso
na curvatura mais suave existe um anjo seráfico
que é todas as mãos de uma sedução inacabada.

A mão e a chuva

Por que criar desertos ali onde caem as aves?
O coração é esta ave sem milagre
O transe no vagão andarilho que eu pouso em tuas mãos de chuva
Cortina que se abre cortina que se fecha
Trem cheio de silêncio ritmado que preencho e percorro em teu corpo
Meia-noite de telhas e túneis.
Meu amor é um veneno abençoado e frio.
O que querem essas nuvens que brotam da areia?
São lendas fugidias:
Silêncio é o teu nome.

H. Miller – Um sonho?

Ela estava sentada nos degraus de uma hóstia, de uma missa que acontecia à sua frente, ou eu poderia quase dizer dentro dela. Ela era assim, como um ofício religioso, com pontes atravessando a catedral de lado a lado e a iluminação muito pálida estalando em seus olhos sangrados, amarelos demais. Era uma missa de canibais que exercia sobre mim uma atração muito forte. Estava, porém, fora dela, separado, pois metade de meu corpo ainda era uma selva gritando.

No vaso chinês sobressai a imagem de uma mulher de caramelo. Estou apaixonado por ela. Pela mulher e pela imagem que a duplica. Ela e seu vaso saem da missa para um passeio no jardim onde nascem os sonhos.

Ela estava sentada nos degraus de uma hóstia, e a cerimônia derretia-se. Perdia-se em tudo, pois existe uma rua para cada desejo, uma rua para cada amor, para cada loucura, para cada terno enforcado. E achava-se num corredor sonolento a que dei o nome de mundo, onde abraçava as axilas de uma jovem sedimentar e azul, azul terrivelmente.

REFERÊNCIAS

Filmes

Como montador

A selva (1970), de Márcio Souza
Os garotos virgens de Ipanema (1973), de Osvaldo Oliveira
A noite do desejo (1973), de Fauzi Mansur
O poderoso machão (1974), de Roberto Mauro
Lilian M: confissões amorosas (relatório confidencial) (1975), de Carlos Reichenbach
O Jeca macumbeiro (1975), de Amácio Mazzaropi e Pio Zamuner
O dia em que o santo pecou (1975), de Cláudio Cunha
Aleluia, Gretchen (1976), de Sylvio Back
A noite das fêmeas (1976), de Fauzi Mansur
O guru e os guris (curta, 1977), de Jairo Ferreira
Tchau amor (1982), de Jean Garrett
As safadas (episódio "Aula de sanfona", 1982), de Inácio Araujo

Como roteirista

O gosto do pecado (1980), de Cláudio Cunha
O fotógrafo (1980), de Jean Garrett
Amor, palavra prostituta (1982), de Carlos Reichenbach
Tchau amor (1982), de Jean Garrett
As safadas (episódios "Rainha do fliperama" e "Aula de sanfona", 1982), de Carlos Reichenbach e Inácio Araujo, respectivamente
Filme demência (1986), de Carlos Reichenbach

Como assistente de direção

A herança (1970), de Ozualdo Candeias
O gosto do pecado (1980), de Cláudio Cunha
Amor, palavra prostituta (1982), de Carlos Reichenbach

Como diretor

As safadas (episódio "Aula de sanfona", 1982)

Livros

ARAUJO, Inácio. *Alfred Hitchcock: o mestre do medo*. São Paulo: Brasiliense, 1982. (paradidático)

_____. *Casa de meninas*. São Paulo: Marco Zero, 1986. (romance)

_____. *Uma chance na vida*. São Paulo: Scipione, 1989. (romance juvenil).

_____. *Cinema: um mundo em movimento*. São Paulo: Scipione, 1995. (paradidático)

_____. *Casa de meninas: romance: e roteiro original inédito*. São Paulo: Imprensa Oficial do Estado de São Paulo, 2004. (romance e roteiro)

_____. *Urgentes preparativos para o fim do mundo*. São Paulo: Iluminuras, 2014. (contos)

SOBRE OS AUTORES

Alcir Pécora é professor titular da área de Teoria Literária, no Departamento de Teoria Literária do Instituto de Estudos da Linguagem da Universidade Estadual de Campinas (Unicamp). Membro da Accademia Ambrosiana (Milão, Itália), Classe di Studi Borromaici. Diretor do Instituto de Estudos da Linguagem (IEL-Unicamp), na gestão 2007-11. Coordenador do Instituto de Estudos Avançados (Idea), na mesma universidade, no período 2017-21. Cursou Artes Plásticas, na PUC-Campinas, licenciando-se em Educação Artística em 1974. Ingressou no Curso de Ciências Humanas (IFCH-Unicamp), bacharelando-se em Linguística, em 1976. Na Unicamp, defendeu o mestrado em Teoria Literária, em 1980. Obteve o doutorado na USP, na área de Teoria Literária e Literatura Comparada, em 1990.

Fabio Camarneiro é professor no curso de Cinema e Audiovisual da Universidade Federal do Espírito Santo (Ufes). É doutor em Meios e Processos Audiovisuais e mestre em Comunicação Impressa e Audiovisual, ambos pela Escola de Comunicações e Artes da Universidade de São Paulo (ECA-USP). Tem textos publicados nos livros *Ismail Xavier: um pensador do cinema brasileiro*, *Revisitar a teoria do cinema: Teoria dos cineastas*, vol. 3, *Montagem e interpretação – Coleção Cinema e Psicanálise*, vol. 4, entre outros.

José Geraldo Couto é jornalista, tradutor e crítico de cinema. Formado em História e em Jornalismo pela USP, trabalhou mais de vinte anos na *Folha de S.Paulo* e três na revista *Set*. Publicou, entre outros, os livros *André Breton*, *Brasil: anos 60* e *Futebol brasileiro hoje*. Colaborou com artigos e ensaios nos livros *O cinema dos anos 80*, *O cinema brasileiro*, *Os filmes que sonhamos*, *Documentário brasileiro: 100 filmes essenciais* e *Ismail Xavier: um pensador do cinema brasileiro*, entre outros. Ministra cursos livres ligados à história do cinema e edita o Blog do Cinema do *site* do Instituto Moreira Salles.

Laura Loguercio Cánepa é jornalista e pesquisadora de cinema. É doutora em Multimeios pelo IAR-Unicamp (2008), mestre em Ciências da Comunicação pela ECA-USP (2002) e graduada em Jornalismo pela Fabico-UFRGS (1996). Concluiu, em 2014, pós-doutorado no Departamento de Cinema, Televisão e Rádio da ECA-USP, sob a supervisão de Rubens Machado Jr. Em 2019, foi pesquisadora visitante na School of Languages, Cultures and Societies da Universidade de Leeds, sob a supervisão de Stephanie Dennison. Atualmente, é coordenadora e docente do Programa de Pós-Graduação em Comunicação da Universidade Anhembi Morumbi.

Liciane Mamede é produtora cultural e trabalha há mais de dez anos na área de curadoria e programação cinematográfica. É mestre em Imagem e Som pela Universidade Federal de São Carlos (2014) e em Valorização do Patrimônio Audiovisual pela Universidade Paris 8 (2017). Atualmente é doutoranda do programa de Pós-graduação em Multimeios da Unicamp.

Luciana Corrêa de Araújo é pesquisadora, professora na graduação e na pós-graduação em Imagem e Som da Universidade Federal de São Carlos (UFSCar). Mestre e doutora pela ECA-USP, é autora dos livros *A crônica de cinema no Recife dos anos 50* e *Joaquim Pedro de Andrade: primeiros tempos*. Entre outros trabalhos, colaborou na *Enciclopédia do cinema brasileiro* e no primeiro volume do livro *Nova história do cinema brasileiro*.

Orlando Margarido atua desde 1989 como crítico de cinema. Trabalhou nas revistas *Visão*, *Veja São Paulo* e *Carta Capital*, e nos suplementos culturais dos jornais *Diário do Grande ABC* e *Gazeta Mercantil*. Escreveu para a Coleção Aplauso da Imprensa Oficial a biografia *Ser ator – Antonio Petrin*. Colaborou no livro *Manoel de Oliveira*. É um dos autores da série editorial *100 Melhores Filmes Brasileiros: ficção e documentário*. Organizou, com Ivonete Pinto, *Bernardet 80: impacto e influência no cinema brasileiro*. Atualmente colabora com a Enciclopédia da Fundação Itaú Cultural e integra os comitês de seleção do É Tudo

Verdade - Festival Internacional de Documentários e da Mostra SP. Integra a Associação Brasileira de Críticos de Cinema (Abraccine), da qual foi vice-presidente (2016-19).

Ruy Gardnier é jornalista, pesquisador e crítico de cinema e música. Trabalha atualmente como coordenador de programação da Cinemateca do MAM e dá cursos *on-line* de cinema. É fundador e foi editor da revista eletrônica de cinema *Contracampo* e do *blog Camarilha dos Quatro*, dedicado à música. Trabalhou anteriormente como pesquisador no acervo audiovisual do Circo Voador, no Tempo Glauber e na Cinemateca do MAM. Foi curador de retrospectivas dos cineastas Julio Bressane e Rogério Sganzerla, e da mostra *Cinema Brasileiro: Anos 90, 9 Questões*, entre outras. Editou os catálogos das mostras retrospectivas dos cineastas John Ford, Samuel Fuller, Abel Ferrara e Buster Keaton. É crítico de cinema do jornal *O Globo* e foi professor da Escola de Cinema Darcy Ribeiro.

Sérgio Alpendre é crítico de cinema, professor, pesquisador, curador e jornalista. Escreve na *Folha de S.Paulo* desde 2008 (cadernos Ilustrada, Mais, Guia Folha e Guia livros, discos, filmes). Doutor em Comunicação/Cinema pela Universidade Anhembi-Morumbi, com bolsa da Capes (incluindo bolsa sanduíche para onze meses em Portugal). Mestre em Meios e Processos Audiovisuais pela ECA-USP, com bolsa da Capes Edita a *Revista Interlúdio* (www.revistainterludio.com.br) e o *blog* de cinema sergioalpendre.com. Participou como palestrante dos Encontros Cinematográficos, na cidade de Fundão, em Portugal (março de 2015 e maio de 2017).

Ugo Giorgetti é cineasta. Começou dirigindo comerciais para a televisão na década de 1960. Logo iniciou seu trabalho em longas de ficção e documentários. Escreveu, produziu e dirigiu cerca de treze longas-metragens de ficção e quase a mesma quantidade de documentários para TV e cinema. Seu filme *Festa* (1988) recebeu sete troféus Kikito, inclusive de melhor filme, no Festival de Gramado de 1989.

Fontes Gimlet, Bebas
Papel Pólen natural 70 g/m²
Impressão Ogra Indústria Gráfica Ltda.
Data julho de 2023